会计真账一本通

工业企业（一般纳税人）全盘账务处理

主编 李 蓉 方秀芹 黎国荣

图书在版编目(CIP)数据

会计真账一本通. 工业企业(一般纳税人)全盘账务处理 / 李蓉, 方秀芹, 黎国荣主编. --上海: 立信会计出版社, 2021.12(2022.5重印)
ISBN 978-7-5429-7037-4

Ⅰ. ①会… Ⅱ. ①李… ②方… ③黎… Ⅲ. ①工业会计-账务处理 Ⅳ. ①F231.2

中国版本图书馆 CIP 数据核字(2021)第 281234 号

责任编辑　　王斯龙

会计真账一本通——工业企业(一般纳税人)全盘账务处理
KUAIJI ZHENZHANG YIBENTONG GONGYE QIYE YIBAN NASHUIREN QUANPAN ZHANGWU CHULI

出版发行	立信会计出版社			
地　　址	上海市中山西路 2230 号	邮政编码	200235	
电　　话	(021)64411389	传　　真	(021)64411325	
网　　址	www.lixinph.com	电子邮箱	lixinaph2019@126.com	
网上书店	http://lixin.jd.com		http://lxkjcbs.tmall.com	
经　　销	各地新华书店			
印　　刷	常熟市华顺印刷有限公司			
开　　本	787 毫米×1092 毫米　1/16			
印　　张	18			
字　　数	472 千字			
版　　次	2021 年 12 月第 1 版			
印　　次	2022 年 5 月第 2 次			
印　　数	3 001—6 100			
书　　号	ISBN 978-7-5429-7037-4/F			
定　　价	82.00 元			

如有印订差错,请与本社联系调换

前　言

本书共八部分，从企业人才需求出发，以实务为导向，以培训会计上岗能力为目标。本书以江东东方泵业有限公司2022年3月实际发生的会计业务为基础，充分考虑到会计实务工作中可能碰到的种种问题，科学地设计出一套模拟真账，引导学员运用做账软件，通过填制凭证、登记账簿、成本计算直至编制报表，同时进行开具发票、认证发票、纳税申报，完成全部会计核算工作。

本书根据最新财税政策编写，采用情景式的思路，结合情景案例，高度还原业务票据，详细介绍了工业企业成本计算以及账务处理的流程与技巧。

为了更直观地再现会计实务操作，读者可自行购买记账凭证、会计账簿等工具进行手工账务处理。书中所涉及的案例、题目中的姓名、单位、地址、日期、身份证号码、银行相关信息等，仅为所阐释的内容和引导思考而编写，如有雷同，纯属巧合。

本书由李蓉、方秀芹、黎国荣担任主编。具体编写分工如下：李蓉负责编写第一部分至第五部分的内容及票据整理；方秀芹负责编写第六部分至第八部分的内容及票据整理；黎国荣负责整个票据部分的协调整理及统稿。

编　者
2021年12月

"会计真账一本通"
编委会成员

李　蓉	方秀芹	黎国荣	陆　蕊	安　芳	卢庆玲
王淑琴	李怀继	王亚杰	蔡丽君	乔秀萍	徐新娴
陈　野	余　颖	刘芬妮	林　慧	王　兵	刘立强
贺宗剑	吴智华	季春丹	王菊妍	李　冬	钱晨颖
窦文君	杨　荣	陈清平	张　鑫	张安武	肖莉梅
肖佳庆	喻　梅	唐洪芬	吴　晶	梅逸翔	姚丹丹
刘爱华	苏堃堃	汪红雨	胡　燕	杨小雪	陈荷香
谢晓英	郑世浩	宋子斌	王倩倩	高　奎	袁　约
张田田	霍星辰	陆雅琴	冯晓红	李运竹	邵红旗

目 录

第一部分	工业企业介绍	1
第二部分	工业企业核算介绍	4
第三部分	实训企业资料	9
第四部分	防伪税控开票系统操作	13
第五部分	进项发票认证	14
第六部分	账务处理	15
第七部分	纳税申报	24
第八部分	会计档案处理	26
票据簿		29

第一部分　工业企业介绍

工业企业是指依法成立的,从事工业商品生产经营活动,经济上实行独立核算、自负盈亏,法律上具有法人资格的经济组织。

工业企业,按技术水平可划分为手工工业企业和现代工业企业;按规模可划分为大型工业企业、中型工业企业和小型工业企业;按隶属关系可划分为中央企业、地方企业、街道企业和乡镇企业;按生产过程的特点可划分为采掘型、合成型、分解型、调制型、装配型;按生产方式可划分为单件生产类型、成批生产类型、大量生产类型;按组织形式可分为单厂企业和多厂企业等。

一、工业企业的基本特征

（1）以商品的生产、销售为基本业务。
（2）对销售的商品进行加工。
（3）工业企业的"利润"主要来自商品加工。
（4）经营周期相对商业企业较长、资金周转慢。

二、工业企业的业务流程

工业企业的生产经营过程,由供应、生产、销售三个环节构成。工业企业的资金顺序经过供、产、销三个阶段,由货币资金开始,依次转化为储备资金、生产资金、成品资金,最后又回到货币资金形态,这一转化过程称为资金循环。资金反复不断地循环,称为资金周转。

工业企业商品流通的三个基本环节:采购→生产→销售(图1-1)。

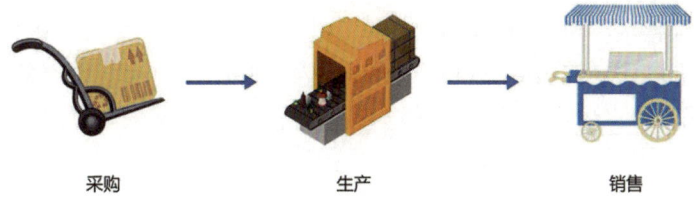

图1-1　工业业务流程图

(一) 采购

工业企业采购是企业为了满足和保障生产活动而进行的一系列业务活动,包括以下五个基本环节。

1. 申请采购

申请采购，是采购业务的起点，一般由企业需求部门编制采购清单，向采购部门提出需求商品的种类、型号、规格以及数量等相关信息。采购清单通常为一式三联，由申请部门、采购部门和财务部门各持一联。财务部门持有采购清单，主要为了后期审核合同使用。

2. 编制采购计划

采购流程：向供应商询价→编制采购计划→上报总经办审批→采购部门实施采购。

采购部门接到采购申请后，开始向供应商询价，货比三家后，结合供应商的报价单编制采购计划，提交总经办审批。总经办审批通过后，由采购部门负责实施采购。

3. 发出采购订单

采购计划经批准下达采购部门后，由采购部门向供应商发出采购订单，并与供应商签订合同。在此环节中，财务人员应对合同进行审核。如采购的产品的标的信息与采购清单和采购计划是否一致，付款方式是否明确等。

4. 采购入库

采购入库后，应由仓库进行验收。经过核对数量、并检验合格，才可入库，同时填写入库单。在本环节中，供应商开票情况通常会有三种情况：货票同到、票到货未到、货到票未到。财务人员应根据实际情况进行相应的账务处理。

5. 支付采购款

付款流程：采购部门申请付款→财务部审批→总经办审批→出纳付款。

采购部门填制付款申请书后，向财务部门申请付款，财务部门接到付款申请书之后，经相关人员审核批准后，由出纳按采购部门申请的付款方式向供应商付款。

(二) 生产

工业企业的生产，简单来说就是将采购的材料加工为可销售的商品。生产作业主要包括以下五个步骤。

1. 生产计划

生产计划员根据销售数量并结合库存数量和现有产能编制生产计划，生产计划编制好后由生产部负责人确认后形成明确的生产任务单。

生产任务单有明确的生产批号、生产品名、规格、型号、数量、生产日期、完工日期，生产任务单由生产部门签发后，移交生产车间外，还需要移交财务部。

2. 生产领料

车间生产人员根据生产任务单、物料清单填写生产领料单。仓库人员得到生产领料单后，应根据生产领料单上的信息发出原材料，并做好相应的出库登记工作，由仓管填制出库单。原材料出库后，仓管应当根据出库单的会计联移交财务部，会计根据生产领料单及其他相关资料进行入账。

3. 生产加工

在生产过程中，主要是劳动者运用劳动工具，直接或间接地作用于劳动对象，变成工业产品。企业将原材料等劳动对象投入生产，经过工人的劳动加工，制造出适合社会需要的产品。

4. 质量检测

质量检测部门应先明确产品检测标准的检测项目和各项质量要求，然后对生产完成的产品进行比较，判断单个产品或批量产品是否合格。

5. 完工入库

产品入库后,仓库人员应当定期查验产品,对各类产品登记造册,分类存放,尤其是对近似产品能够区分清楚,确保不出差错。

财务部也应当加强对在库商品的管理,包括:在库商品信息的管理,及时跟踪商品账面信息;在库商品实物的管理,定期组织清查,进行盘点,并编制盘点表。

(三)销售

销售是商业活动最重要的环节,一般包含以下五个步骤。

1. 销售报价

根据产品市场价格等多方面因素,由销售部门确定产品售价后,向客户报价,即让客户知道企业产品的价格。本环节中,会计通常不参与。

2. 评审客户

企业在销售前,应对客户的信用、偿债能力尽可能进行调查分析,这样才能更有效地确保资产的安全,同时,要加强对客户的管理,对已经实现销售的产品的应收账款及时催收,尽量减少坏账、呆账。本环节,通常由销售部门进行,会计不参与。

3. 接受订单

交易双方商定价格,公司收到客户的采购订单并与客户签订合同。公司与客户签订购销合同时,会计应当对合同进行审核,重点关注合同中的标的物是否与订单一致、收款方式是否合理等。

4. 商品出库

企业销售商品时,仓管应根据合同上注明的信息发货,并确保发出货物与发货通知单上的产品名称、规格、数量一致,并做好出库登记,填写出库单,并向财务部门移交一份出库单。

5. 销售结算

发出货物后,会计根据客户信息开具销售发票后,即可确认收入。客户在验收货物后,企业应按照合同的约定条款办理款项结算。

第二部分　工业企业核算介绍

一、工业企业成本核算的要求

（1）做好各项基础工作。

（2）正确划分各种费用支出的界限。费用的划分应遵循受益原则，即谁受益谁负担、何时受益何时负担、负担费用与受益程度成正比。

（3）根据生产特点和管理要求选择适当的成本计算方法。产品成本的计算，关键是选择适当的产品成本计算方法。目前，企业常用的产品成本计算方法有品种法、分批法、分步法、分类法、定额法、标准成本法等。

（4）遵守一致性原则。

（5）编制产品成本报表。

二、成本核算对象和成本项目

(一) 成本核算对象

成本核算对象，是指确定归集和分配生产费用的具体对象，即生产费用承担的客体。

成本核算对象的确定：

（1）大批大量单步骤生产产品或管理上不要求提供有关生产步骤成本信息的，以产品品种为成本核算对象。

（2）小批单件生产的产品，以每批或每件产品为成本核算对象。

（3）多步骤连续加工的产品且管理上要求提供有关生产步骤成本信息的，以每种产品及各生产步骤为成本核算对象。

（4）产品规格繁多的，可将产品结构、耗用原材料和工艺过程基本相同的各种产品，适当合并作为成本核算对象。

(二) 成本项目

成本项目属于生产费用项目，是对计入产品成本的工业生产费用按用途进行的分类。一般划分如下。

1. 直接材料

直接材料，是指构成产品主要实体的原料及主要材料，有助于产品形成的辅助材料、外购半成品等。

2. 燃料及动力

燃料及动力，是指直接用于产品生产的燃料和动力。

3. 直接人工

直接人工，是指直接参加产品生产的工人工资和职工福利费用。

4. 制造费用

制造费用,是指组织和管理车间生产所发生的各项费用,包括基本生产车间和辅助生产车间管理人员的工资及提取的福利费、车间房屋建筑物和机器设备的折旧费、租赁费、机物料消耗、水电费、办公费以及停工损失、信息系统维护费等。

5. 废品损失

废品损失,是指在生产过程中发生的不可修复废品的报废净损失以及可修复废品的修复费用。

三、成本核算的流程

(一) 严格审核生产费用是否合规

工业企业应对生产制造产品发生的直接材料、直接人工和制造费用等成本项目进行审查。成本费用是否合规主要关键点如下。

1. 准确性审查

审核成本项目归集的方法是否正确、最基础的原始凭证记录是否准确、生产成本在完工产品与在产品之间成本分配方法是否准确,有无多记产成品成本或减少在产品成本达到调节利润的现象等。

2. 真实性、合法性审查

有无人为虚增成本以及扩大非生产性费用列支范围挤占成本的现象。

3. 会计处理是否符合会计准则和制度

对已跨期费用的摊销,是否按权责发生制原则分摊等。

4. 企业内控是否完善

审核企业内部控制制度是否有效,是否存在薄弱环节和纰漏。

(二) 按成本核算对象设立明细账同时按照成本项目反映

1. 按成本核算对象设立明细账

略。

2. 将计入当期核算对象的生产费用按成本项目进行分配和归集以计算成本

1) 材料、燃料、动力的归集和分配

(1) 对于能分产品领用的材料、燃料、动力,直接计入产品成本的"直接材料"项目。

(2) 对于不能分产品领用的材料、燃料、动力,需要采用适当的分配方法,分配计入"直接材料"项目。

分配公式:

$$材料、燃料、动力费用分配率 = \frac{材料、燃料、动力消耗总额}{分配标准(如产品重量、耗用的原材料、生产工时等)}$$

某种产品应负担的材料、燃料、动力费用 = 该产品的重量、耗用的原材料、生产工时等 × 材料、燃料、动力费用的分配率

账务处理:

借:生产成本——基本生产成本——某产品(直接材料)

　　　　　　——辅助生产成本——某车间(直接材料)

　　制造费用

贷：原材料

2）直接人工的归集

（1）对于能分产品耗用的人工费用，直接计入产品成本的"直接人工"项目。

（2）对于不能分产品耗用的人工费用，需要采用适当的分配方法，分配计入"直接人工"项目。

分配公式：

$$直接人工费用分配率=\frac{各种产品生产工资总额}{各种产品生产工时之和}$$

某种产品应分配的人工费用＝该种产品生产工时×直接人工费用分配率

账务处理：

借：生产成本——基本生产成本——某产品（直接人工）
　　　　　　——辅助生产成本——某车间（直接人工）
　　制造费用
　　管理费用
　　销售费用
　贷：应付职工薪酬

3）辅助生产车间费用的归集和分配

（1）辅助生产费用的归集。

一般情况下，先记入"制造费用"科目，再转入"生产成本——辅助生产成本"科目。

辅助生产车间规模很小、制造费用很少的辅助生产不对外提供产品和劳务的，直接记入"生产成本——辅助生产成本"科目。

（2）辅助生产费用的分配。

辅助生产费用的分配方法很多，通常采用直接分配法、交互分配法、计划成本分配法、顺序分配法和代数分配法等。

直接分配法的特点是不考虑各辅助生产车间之间相互提供劳务或产品的情况，而是将各种辅助生产费用直接分配给辅助生产以外的各受益单位。采用此方法，各辅助生产费用只进行对外分配，分配一次，计算简单，但分配结果不够准确。

交互分配法的特点是辅助生产费用通过两次分配完成：首先，将各辅助生产车间、部门相互提供的劳务在辅助生产车间进行交互分配。其次，将各辅助生产车间交互分配后的实际费用（即交互前的费用加上交互分配转入的费用，减去交互分配转出的费用），再按提供的劳务量在辅助生产车间以外的各受益单位之间进行分配。这种分配方法的优点是提高了分配的正确性，但同时加大了分配的工作量。

计划成本分配法的特点是辅助生产为各受益单位提供的劳务，都按劳务的计划单位成本进行分配，辅助生产车间实际发生的费用（包括辅助生产内部交互分配转入的费用，不需要减转出的费用，即只加不减）与按计划单位成本分配转出的费用之间的差额采用简化计算方法全部计入管理费用。这种方法便于考核和分析受益单位的成本，有利于分清各单位的经济责任。但成本分配不够准确，适用于辅助生产劳务计划单位成本比较准确的企业。

顺序分配法，其特点是按照辅助生产车间受益多少的顺序分配费用，受益少的先分配，受益多的后分配，先分配的辅助生产车间不负担后分配的辅助生产车间的费用。适用于各辅助生产车间之间相互受益程度有明显顺序的企业。

代数分配法的特点是先根据解联立方程的原理，计算辅助生产劳务或产品的单位成本。此方法有关费用的分配结果最正确。

（3）辅助生产费用的账务处理。

借：制造费用
　　管理费用
　　销售费用
　　　贷：生产成本——辅助生产成本（某车间）

4）制造费用的归集和分配

（1）制造费用的分配方法。

① 生产工人工时比例法。

制造费用分配率＝制造费用总额÷生产总工时数

某产品应负担的制造费用＝某产品的生产工时×制造费用分配率

② 生产工人工资比例法。

制造费用分配率＝制造费用总额÷生产工人实际工资总额

某产品应负担的制造费用＝某产品的生产工人工资额×制造费用分配率

③ 机器工时比例法。

制造费用分配率＝制造费用总额÷机器运转工时数

某产品应负担的制造费用＝生产某产品机器运转工时×制造费用分配率

（2）制造费用分配账务处理。

借：生产成本——基本生产成本（某产品）
　　　贷：制造费用

（三）期末将生产费用在完工产品和在产品之间按适当的方法进行分配以计算出完工产品和在产品成本

1. 分配原理

月初在产品成本＋本月发生生产费用＝本月完工产品成本＋月末在产品成本

2. 分配方法

1）不计算在产品成本法（即在产品成本为零）

该方法适用于月末在产品数量很小的情况。

2）在产品成本按年初数固定计算法

该方法适用于月末在产品数量很少，或者在产品数量虽多但各月之间在产品数量变动不大，月初、月末在产品成本的差额对完工产品成本影响不大的情形。

3）在产品成本按其所耗用的原材料费用计算

该方法适用于原材料费用在产品成本中所占比重较大，而且原材料是在生产开始时一次性投入的情形下使用。

4）约当产量法

约当产量是指在产品按其完工程度折合成完工产品的数量。

在产品约当产量＝在产品数量×完工程度

单位成本＝（月初在产品成本＋当月发生生产费用）÷（产成品产量＋月末在产品约当产量）

产成品成本＝单位成本×产成品产量

月末在产品成本＝单位成本×月末在产品约当产量

5) 在产品成本按定额成本计算法

该方法适用于各月末在产品数量变动不大、定额准确、稳定的情况。

月末在产品成本＝月末在产品数量×在产品定额单位成本

产成品总成本＝月初在产品成本＋当月生产发生费用－月末在产品的定额成本

产成品单位成本＝产成品总成本÷产成品产量

6) 在产品成本按定额比例计算法

该方法适用于各月末在产品数量变动较大、定额准确、稳定的情况。定额比例计算法通常材料费用按定额消耗量比例分配,而其他费用按定额工时比例分配。

$$材料费用分配率 = \frac{(月初在产品实际材料成本+当月投入的实际材料成本)}{(完工产品定额材料成本+月末在产品定额材料成本)}$$

完工产品应分配的材料成本＝月末在产品定额材料成本×材料费用分配率

月末在产品应分配的材料成本＝月末在产品定额材料成本×材料费用分配率

$$人工、制造费用分配率 = \frac{(月初人工、制造费用总额+当月投入人工、制造费用)}{(完工产品定额工时+月末在产品定额工时)}$$

完工产品应分配的人工、制造费用＝完工产品定额工时×人工、制造费用分配率

在产品应分配的人工、制造费用＝月末在产品定额工时×人工、制造费用分配率

(四)计算出产品总成本和单位成本

1. 品种法、分批法计算的总成本

产品成本明细账中计算出的完工产品成本即为产品的总成本。

2. 分步法计算的总成本

需要按各生产步骤逐步结转或平行汇总,计算出产品的总成本。

3. 单位成本计算

基本公式：

单位成本＝产品总成本÷该产品入库数(不包括未完工产品)

(1) 无在产品。产品生产成本费用总额,就是完工产品的总成本,也是产品的总成本。

(2) 无完工产品(产品全部没有完工均为在产品)。产品生产成本的费用总额就为产品在产品的总成本。

第三部分 实训企业资料

一、企业基本信息

(一) 企业基本信息

(1) 公司名称：江东东方泵业有限公司。
(2) 社会统一信用代码(纳税人识别号)：91320356850881089N。
(3) 经济类型：有限责任公司。
(4) 经营地址：江州市惠山经济开发区中惠大道366号。
(5) 公司电话：086-83620019。
(6) 注册时间：2021年9月20日。
(7) 法定代表人：李宏。
(8) 注册资本：800万元。
(9) 经营范围：主要从事微型水泵的生产、组装、销售等业务。

(二) 银行开户许可证相关信息

(1) 开户银行(基本户)：工商银行江州惠山支行。
(2) 银行账号：110301300890002188。

(三) 企业登记注册证件

营业执照如图3-1所示，相关印章如图3-2所示。

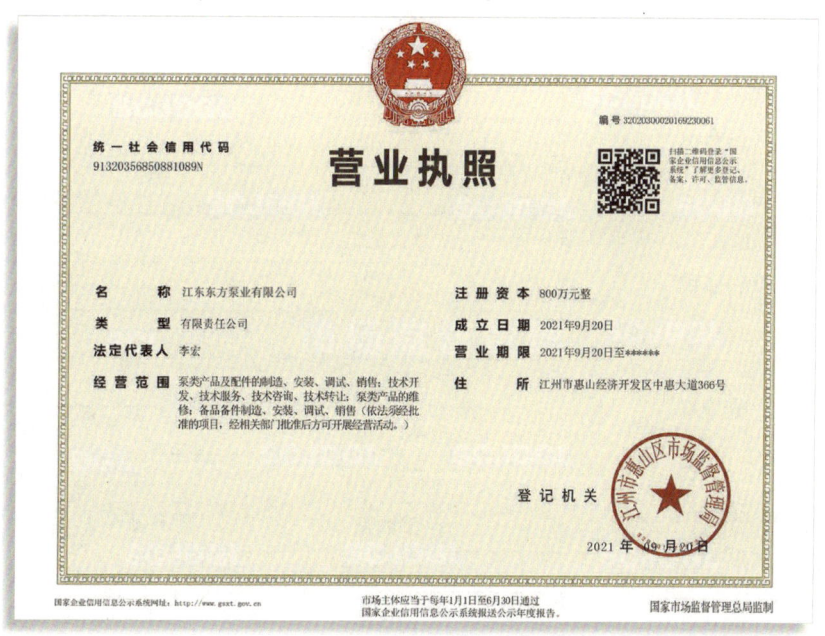

图3-1 营业执照

图 3-2 相关印章

二、公司机构设置和人员情况

(一) 公司组织架构

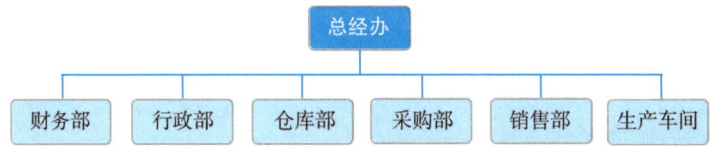

图 3-3 公司组织架构

(二) 公司人员配备明细

表 3-1 公司人员配置明细

序号	部门	职位	姓名
1	总经办	总经理	李 宏
2	财务部	会计主管	王晓琳
3	财务部	会 计	朱 红
4	财务部	出 纳	张 燕
5	行政部	行政主管	朱 波
6	行政部	内 勤	陈 文
7	行政部	内 勤	王昌强
8	仓库部	仓库主管	徐旦波
9	仓库部	仓管员	李元明
10	采购部	采购主管	王 峰
11	采购部	采购员	杨 涛
12	销售部	销售主管	王 倩
13	销售部	销售员	李 林
14	销售部	销售员	王 凯

(续表)

序号	部门	职位	姓名
15	生产车间	车间管理人员	李玉松
16		生产 NB-10 水泵工人	马 阳
17			张 林
18			蒙 兰
19			徐 俊
20		生产 NB-15 水泵工人	徐 伟
21			张卫平
22			蔡云烨
23			高一雯
24			陆 飞

三、企业相关会计制度

(一) 会计核算和会计监督

(1) 本企业会计年度自公历 1 月 1 日起至 12 月 31 日止。

(2) 本企业记账方法采用借贷记账法。

(3) 本企业采用科目汇总表账务处理程序。

(4) 本企业采用权责发生制进行账务处理。

(5) 本企业会计核算以人民币为记账本位币。

(6) 企业根据《小企业会计准则》要求设置一级会计科目,在不影响对外报送报表和会计核算的前提下,根据实际情况自行设置和使用二、三级会计科目。

(二) 生产成本核算

(1) 公司产品采用品种法核算成本。

(2) 材料的领用采用移动加权平均来计价。

(3) 生产过程中实际消耗的直接材料、直接人工、制造费用计入产品成本。

(4) 制造费用按机器工时比例进行分配。

(5) 公司采用约当产量法对在产品和完工产品进行分配,约当比例统一为 50%,材料在生产开始时一次性投入。

(三) 存货核算

(1) 会计设立库存商品数量金额明细账,记录库存商品的收发情况,并结出其结存数量。

(2) 外购商品时,按买价加运输费、运输途中的合理损耗、入库前的挑选整理费用和按规定应计入成本的税金以及其他费用,作为实际成本。

(3) 库存商品的发出按全月一次加权平均法,一律以出库单的形式出库,在出库单上一般须注明产品名称、数量、领用部门等。

(4) 每月月末及年终需对库存商品进行盘点,务必做到账、表、物三者相符。在盘点中发现的盘盈、盘亏、损毁、变质等情况,应及时查明原因。若因管理不善造成的或无法查明原因的盘盈盘亏,经相关领导审批后,计入当期损益。

(四) 固定资产核算

(1) 固定资产在取得时,按取得时的成本入账,取得时的成本包括买价、相关税费、运输和保险等相关费用,以及为使固定资产达到预定可使用状态前所必要的支出。

(2) 按企业实际情况,固定资产的类别、折旧年限和残值率如表3-2所示。

表 3-2　固定资产折旧政策

类别	折旧年限(年)	残值率
机器机械生产设备	10	5%
器具、工具、家具	5	5%
运输工具	4	5%
电子设备	3	5%

(3) 企业对固定资产采用年限平均法(即直线法)计提折旧,按月计提固定资产的折旧,本月增加的固定资产从下月起计提折旧,本月减少的固定资产从下月起停止计提折旧。

(4) 固定资产的管理由财务部和行政部共同负责,财务部设立固定资产明细账,行政部建立固定资产卡片,定期对账。

(5) 每年年终,由财务部牵头,组织使用部门对固定资产进行盘点,编制盘点表。

四、企业相关税务信息

(1) 纳税人性质:一般纳税人。

(2) 主管税务机关:江州市国家税务局第一税务分局。

(3) 税种鉴定情况,如表3-3所示。

表 3-3　税种鉴定情况

序号	税种名称		税率	申报方式
1	增值税		13%	按月申报
2	企业所得税		25%	按季预缴、年末汇算清缴
3	城市维护建设税		7%	按月申报
4	教育费附加		3%	
5	地方教育附加		2%	
6	个人所得税		3%~45%	
7	印花税	购销合同	0.3‰	按月申报
8		注册资本	0.5‰	
9		财产租赁合同	1‰	
10		权利、许可证照	每件5元	
11		加工承揽合同	0.5‰	

第四部分　防伪税控开票系统操作

开票业务：

江东东方泵业有限公司 2022 年 3 月份相关票据业务如下。

业务 1：2022 年 03 月 08 日，销售给江州市智华贸易有限公司一批货物，根据销售单开具增值税专用发票一张。

业务 2：2022 年 03 月 08 日，销售给江州市中知贸易有限公司一批货物，根据销售单开具增值税专用发票一张。

业务 3：2022 年 03 月 08 日，销售给江州市中兴设备修理厂一批货物，根据销售单开具增值税普通发票一张。

业务 4：2022 年 03 月 10 日，销售给江州市方圆泵业制造有限公司一批原材料，根据销售单开具增值税专用发票一张。

开票实训任务　INVOICE TRAINING TASK

若有模拟开票系统，可尝试完成江东东方泵业有限公司 2022 年 3 月的开票实操练习，界面如图 4-1 所示。

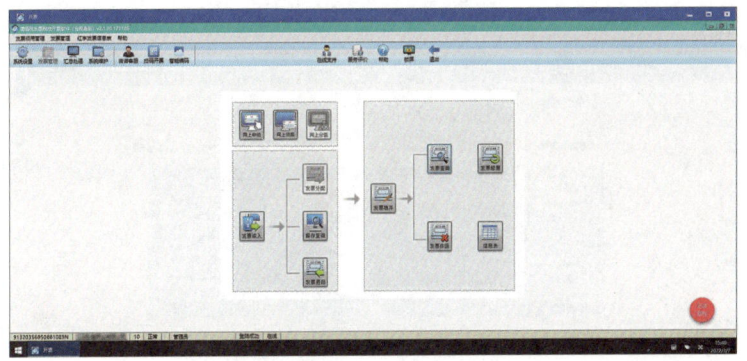

图 4-1　界面

第五部分　进项发票认证

发票认证是税务机关进行纳税申报管理、出口退税审核、发票稽核比对、异常发票核查以及税务稽查的重要依据,在推行"以票控税"、加强税收征管中发挥着重要作用。

根据国家税务总局公告 2019 年第 8 号,自 2019 年 3 月 1 日起,取消增值税发票认证的纳税人范围已扩大至所有一般纳税人(即纳税信用等级 A、B、M、C、D 级纳税人均可进行发票勾选认证)。一般纳税人取得增值税发票(包括增值税专用发票、机动车销售统一发票、收费公路通行费增值税电子普通发票,下同)后,可以自愿使用增值税发票综合服务平台查询、选择用于申报抵扣、出口退税或者代办退税的增值税发票信息。

INVOICE TRAINING TASK

若有模拟认证系统,可尝试完成江东东方泵业有限公司 2022 年 3 月的认证实操,界面如图 5-1 所示。

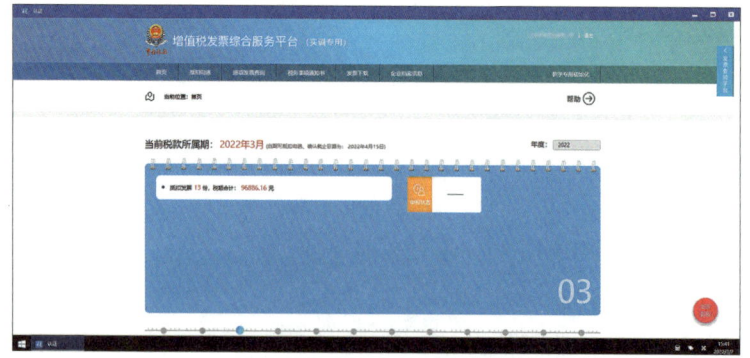

图 5-1　界面

第六部分 账务处理

一、建账初始数据资料

(一) 期初余额资料

2022年3月份期初余额如表6-1和表6-2所示。2022年1~2月累计发生额如表6-3所示。

表6-1 2022年3月份期初余额(资产部分)   单位:元

科目编码	科目名称	方向	期初余额 数量	期初余额 金额
1001	库存现金	借		27 539.20
1002	银行存款	借		1 089 125.10
100201	工行2188账户	借		1 089 125.10
1122	应收账款	借		211 000.00
112201	江州市智华贸易有限公司	借		125 000.00
112202	江州市中知贸易有限公司	借		86 000.00
1221	其他应收款	借		3 000.00
122101	王倩	借		3 000.00
1403	原材料	借	480	397 000.00
140301	转子	借	100	120 000.00
140302	漆包线	借	200	124 000.00
140303	外壳	借	180	153 000.00
1405	库存商品	借	380	1 397 000.00
140501	NB-10微型水泵	借	200	740 000.00
140502	NB-15微型水泵	借	180	657 000.00
1411	周转材料	借		
1412	包装物	借	200	1 000.00
1601	固定资产	借		6 400 000.00
1602	累计折旧	贷		375 777.80

表 6-2　2022 年 3 月份期初余额(负债和所有者权益部分)　　　　　　单位:元

科目编码	科目名称	方向	期初余额	
			数量	金额
2202	应付账款	贷		99 000.00
220201	江州市汇东机电设备有限公司	贷		26 000.00
220202	江州市创科机械设备有限公司	贷		73 000.00
2211	应付职工薪酬	贷		248 817.60
221101	工资	贷		186 800.00
221102	社会保险费	贷		47 073.60
221103	住房公积金	贷		14 944.00
2221	应交税费	贷		10 723.57
222101	应交增值税	贷		—
22210101	进项税额	借		544 874.69
22210104	转出未交增值税	借		8 725.31
22210107	销项税额	贷		553 600.00
222102	未交增值税	贷		8 725.31
222112	应交个人所得税	贷		951.22
222113	教育费附加	贷		261.76
222114	地方教育附加	贷		174.51
222117	应交城市维护建设税	贷		610.77
3001	实收资本	贷		8 000 000.00
300101	李宏	贷		8 000 000.00
3103	本年利润	贷		128 967.72
3104	利润分配	贷		662 377.61
310415	未分配利润	贷		662 377.61

表 6-3　2022 年 1~2 月累计发生额(损益类)　　　　　　单位:元

科目编码	科目名称	本年累计借方	本年累计贷方	实际损益发生额
5001	主营业务收入	1 876 000.00	1 876 000.00	1 876 000.00
500101	NB-10 微型水泵	863 190.18	863 190.18	863 190.18
500102	NB-15 微型水泵	1 012 809.82	1 012 809.82	1 012 809.82
5051	其他业务收入			
5111	投资收益			
5301	营业外收入			
5401	主营业务成本	1 362 631.40	1 362 631.40	1 362 631.40

(续表)

科目编码	科目名称	本年累计借方	本年累计贷方	实际损益发生额
540101	NB-10微型水泵	622 718.63	622 718.63	622 718.63
540102	NB-15微型水泵	739 912.77	739 912.77	739 912.77
5402	其他业务成本			
5403	税金及附加	1 047.04	1 047.04	1 047.04
540301	消费税			
540303	城市维护建设税	610.77	610.77	610.77
540309	印花税			
540310	教育费附加	261.76	261.76	261.76
540311	矿产资源补偿费			
540312	排污费			
540313	地方教育附加	174.51	174.51	174.51
5601	销售费用	153 932.54	153 932.54	153 932.54
560101	办公用品			
560102	房租	4 226.99	4 226.99	4 226.99
560103	物业管理费			
560104	水电费	2 243.56	2 243.56	2 243.56
560105	交际应酬费			
560106	市内交通费			
560107	差旅费	5 574.17	5 574.17	5 574.17
560108	补助			
560109	通信费			
560110	工资	48 122.69	48 122.69	48 122.69
560111	佣金			
560112	保险金			
560113	福利费			
560114	累计折旧	3 003.15	3 003.15	3 003.15
560115	商品维修费			
560116	广告和业务宣传费	48 772.99	48 772.99	48 772.99
560117	运输费	26 012.26	26 012.26	26 012.26
560118	社会保险费	12 126.92	12 126.92	12 126.92
560119	住房公积金	3 849.81	3 849.81	3 849.81
560199	其他			
5602	管理费用	229 088.88	229 088.88	229 088.88

(续表)

科目编码	科目名称	本年累计借方	本年累计贷方	实际损益发生额
560201	办公用品	9 163.56	9 163.56	9 163.56
560202	房租	11 983.64	11 983.64	11 983.64
560203	物业管理费			
560204	水电费	6 175.92	6 175.92	6 175.92
560205	交际应酬费	3 072.73	3 072.73	3 072.73
560206	市内交通费			
560207	差旅费			
560208	通信费			
560209	工资	134 892.74	134 892.74	134 892.74
560210	保险金			
560211	福利费			
560212	累计折旧	5 270.57	5 270.57	5 270.57
560213	开办费			
560214	职工教育经费			
560215	研究费用			
560216	咨询费	11 454.44	11 454.44	11 454.44
560217	快递物流费	2 290.89	2 290.89	2 290.89
560218	盘盈材料			
560219	社会保险费	33 992.97	33 992.97	33 992.97
560220	住房公积金	10 791.42	10 791.42	10 791.42
560299	其他			
5603	财务费用	332.42	332.42	332.42
560301	汇兑损益			
560302	利息			
560303	手续费	332.42	332.42	332.42
560399	其他			
5711	营业外支出			
5801	所得税费用			
6000	以前年度损益调整			

(二)固定资产资料

累计折旧明细表如表6-4所示。

表 6-4　累计折旧明细表

单位：元

序号	资产名称	类别	规格型号	入账日期	原值	使用年限	残值率	净残值	月折旧额	使用部门	期初累计折旧
1	锻造机床	机器机械生产设备	A001	2021.10	600 000.00	10年	5%	30 000.00	4 750.00	生产车间	19 000.00
2	锻造机床	机器机械生产设备	A002	2021.10	600 000.00	10年	5%	30 000.00	4 750.00	生产车间	19 000.00
3	锻造机床工具套装	器具,工具,家具	B001	2021.10	300 000.00	5年	5%	15 000.00	4 750.00	生产车间	19 000.00
4	锻造机床工具套装	器具,工具,家具	B002	2021.10	300 000.00	5年	5%	15 000.00	4 750.00	生产车间	19 000.00
5	锻造机床工具套装	器具,工具,家具	B003	2021.10	300 000.00	5年	5%	15 000.00	4 750.00	生产车间	19 000.00
6	锻造机床工具套装	器具,工具,家具	B004	2021.10	300 000.00	5年	5%	15 000.00	4 750.00	生产车间	19 000.00
7	锻造机床工具套装	器具,工具,家具	B005	2021.10	300 000.00	5年	5%	15 000.00	4 750.00	生产车间	19 000.00
8	冲压机床工具套装	器具,工具,家具	B006	2021.10	300 000.00	5年	5%	15 000.00	4 750.00	生产车间	19 000.00
9	数控加工机床工具套装	器具,工具,家具	B007	2021.10	330 000.00	5年	5%	16 500.00	5 225.00	生产车间	20 900.00
10	数控加工机床工具套装	器具,工具,家具	B008	2021.10	330 000.00	5年	5%	16 500.00	5 225.00	生产车间	20 900.00
11	数控加工机床工具套装	器具,工具,家具	B009	2021.10	330 000.00	5年	5%	16 500.00	5 225.00	生产车间	20 900.00
12	数控加工机床工具套装	器具,工具,家具	B010	2021.10	330 000.00	5年	5%	16 500.00	5 225.00	生产车间	20 900.00
13	数控加工机床工具套装	器具,工具,家具	B011	2021.10	330 000.00	5年	5%	16 500.00	5 225.00	生产车间	20 900.00
14	金属切削机床生产线	器具,工具,家具	B012	2021.10	350 000.00	5年	5%	17 500.00	5 541.67	生产车间	22 166.68
15	全自动装配生产线	器具,工具,家具	B013	2021.10	300 000.00	5年	5%	15 000.00	4 750.00	生产车间	19 000.00
16	全自动装配生产线	器具,工具,家具	B014	2021.10	300 000.00	5年	5%	15 000.00	4 750.00	生产车间	19 000.00
17	全自动装配生产线	器具,工具,家具	B015	2021.10	300 000.00	5年	5%	15 000.00	4 750.00	生产车间	19 000.00
18	配电设备	器具,工具,家具	B016	2021.10	200 000.00	5年	5%	10 000.00	3 166.67	生产车间	12 666.68
19	智能监控配电系统	器具,工具,家具	B017	2021.10	100 000.00	5年	5%	5 000.00	1 583.33	生产车间	6 333.32
20	会议室电子设备	电子设备	C001	2021.10	78 000.00	3年	5%	3 900.00	2 058.33	行政部	8 233.33
21	凭证自动装订机	电子设备	C002	2021.10	5 000.00	3年	5%	250.00	131.94	财务部	527.78
22	激光打印机组合套装	电子设备	C003	2021.10	40 000.00	3年	5%	2 000.00	1 055.56	行政部	4 222.25
23	电子展览设备仪器	电子设备	C004	2021.10	70 000.00	3年	5%	3 500.00	1 847.22	销售部	7 388.88
24	电脑	电子设备	C005	2021.10	7 000.00	3年	5%	350.00	184.72	行政部	738.88

(三)成本相关资料

制造费用按工时分配表和产量情况记录表如表6-5、表6-6所示。

表 6-5 制造费用按工时分配表　　　　　　　　　　　　　　单位:元

产品	投产量(台)	定额单位	工时合计(小时)
NB-10 微型水泵	120	8	960
NB-15 微型水泵	140	8	1 120

表 6-6 产量情况记录表　　　　　　　　　　　　　　　　　单位:元

项目	NB-10 微型水泵	NB-15 微型水泵
月初在产品	0	0
本月投产	120	140
本月完工	80	100
月末在产品	40	40

二、2022 年 3 月经济业务说明

2022 年 3 月,按经济业务发生先后时间整理如表 6-7 所示。

表 6-7 经济业务说明

序列	日期	经济业务	原始凭证(见票据簿)
1	2022-03-01	购买材料转子	增值税专用发票(第二联)、增值税专用发票(第三联)、收料单
2	2022-03-01	购买材料漆包线	增值税专用发票(第二联)、增值税专用发票(第三联)、收料单
3	2022-03-02	购买材料外壳	增值税专用发票(第二联)、增值税专用发票(第三联)、收料单
4	2022-03-03	购买周转材料	增值税专用发票(第二联)、增值税专用发票(第三联)、收料单
5	2022-03-05	购入需要安装生产设备铣床	付款申请单、增值税专用发票(第二联)、增值税专用发票(第三联)、银行回单
6	2022-03-05	支付铣床安装费用	付款申请单、增值税专用发票(第二联)、增值税专用发票(第三联)、银行回单
7	2022-03-05	铣床安装完毕,交付使用	固定资产验收单
8	2022-03-08	销售 NB-10 微型水泵 100 台	增值税专用发票(第一联)、销售单
9	2022-03-08	销售 NB-15 微型水泵 115 台	增值税专用发票(第一联)、销售单

(续表)

序列	日期	经济业务	原始凭证(见票据簿)
10	2022-03-08	销售 NB-15 微型水泵 5 台	增值税普通发票(第一联)、销售单
11	2022-03-10	销售原材料转子	增值税专用发票(第一联)、销售单、银行回单
12	2022-03-10	收到电子银行承兑汇票	电子银行承兑汇票
13	2022-03-11	收到货款	银行回单(2张)
14	2022-03-11	收到投资款	股东会决议、银行回单
15	2022-03-12	收银行利息	银行回单
16	2022-03-12	支付手续费	银行回单(3张)
17	2022-03-12	支付货款	付款申请单(4张)、银行回单(4张)
18	2022-03-13	缴纳2月增值税	电子缴税付款凭证
19	2022-03-13	缴纳2月城建税、教育费附加等	电子缴税付款凭证
20	2022-03-13	缴纳2月印花税	电子缴税付款凭证
21	2022-03-15	发放2月工资并代扣个人部分	工资表、银行回单
22	2022-03-15	缴纳个人所得税	电子缴税付款凭证
23	2022-03-15	缴纳2月社保	社会保险费征缴通知单、银行回单、社保明细表
24	2022-03-15	缴纳2月公积金	住房公积金汇缴书、银行回单、公积金明细表
25	2022-03-16	支付法律顾问费	付款申请单、增值税专用发票(第二联)、增值税专用发票(第三联)、银行回单
26	2022-03-16	支付宣传费	付款申请单、增值税专用发票(第二联)、增值税专用发票(第三联)、银行回单
27	2022-03-18	支付运输费	付款申请单、增值税专用发票(第二联)、增值税专用发票(第三联)、银行回单
28	2022-03-19	支付水费	付款申请单、增值税专用发票(第二联)、增值税专用发票(第三联)、银行回单、用水量分配表
29	2022-03-19	支付电费	付款申请单、增值税专用发票(第二联)、增值税专用发票(第三联)、银行回单、用电量分配表
30	2022-03-22	支付房租	付款申请单、增值税专用发票(第二联)、增值税专用发票(第三联)、银行回单、租金分配表
31	2022-03-25	销售部报销差旅费	差旅费报销单、增值税普通发票、增值税专用发票(第二联)、增值税专用发票(第三联)、飞机票(2张)
32	2022-03-25	支付快递费	费用报销单、增值税电子普通发票
33	2022-03-25	报销业务招待费	费用报销单、增值税普通发票
34	2022-03-26	对外捐赠	付款申请单、公益性捐赠单位统一收据、银行回单

(续表)

序列	日期	经济业务	原始凭证(见票据簿)
35	2022-03-31	暂估入库	收料单
36	2022-03-31	领用原材料	领料单(2张)
37	2022-03-31	领用周转材料	领料单
38	2022-03-31	结转销售材料成本	出库单
39	2022-03-31	财产清查盘盈材料	存货实存账存对比表
40	2022-03-31	盘盈材料处理	存货实存账存对比表
41	2022-03-31	计提3月工资	工资计提表
42	2022-03-31	计提3月社保	社会保险费计算表
43	2022-03-31	计提3月公积金	公积金明细表
44	2022-03-31	计提折旧费用	固定资产折旧表
45	2022-03-31	归集分配制造费用	制造费用明细账、产量情况记录表、制造费用按工时分配表
46	2022-03-31	结转完工产品成本	生产成本明细账(2张)、产品成本计算表(2张)
47	2022-03-31	结转销售成本	销售成本计算表
48	2022-03-31	结转增值税	应交增值税计提表
49	2022-03-31	计提附加税	附加税费计提表
50	2022-03-31	计提企业所得税	利润计算表
51	2022-03-31	结转本期损益	当期损益计算表

账务处理实训
ACCOUNTING TREATMENT

可尝试使用财务软件完成江东东方泵业有限公司 2022 年 3 月的账务处理。

第七部分　纳税申报

纳税申报的税种、申报方式、申报系统如表7-1所示。

表7-1　纳税申报政策

序列	税种	申报方式	申报系统
1	增值税	按月申报	电子税务局
2	企业所得税	按季申报	
3	城市维护建设税	按月申报	
4	教育费附加	按月申报	
5	地方教育附加	按月申报	
6	财务报表	按季申报	
7	印花税	按月申报	
8	个人所得税	按月申报	自然人电子税务局

纳税申报实训
TAX DECLARATION TRAINING

若有模拟纳税申报系统，可尝试完成江东东方泵业有限公司2022年3月的纳税申报实操，界面如图7-1所示。

图7-1　界面

第七部分 纳税申报

个税申报实训
PERSONAL TAX DECLARATION TRAINING

若有模拟个税申报系统,可尝试完成江东东方泵业有限公司2022年3月的个税申报实操,界面如图7-2所示。

图7-2 界面

第八部分　会计档案处理

一、会计凭证装订

会计凭证一般在每月结账后装订一次，装订好后要妥善保存，以方便后期查阅。会计凭证装订步骤如表 8-1 所示，会计凭证打孔装订步骤如图 8-1 所示。

表 8-1　会计凭证装订步骤

步骤	内容
（1）原始凭证整理	粘贴在记账凭证后面
（2）记账凭证整理	按照凭证号进行整理，确保不断号、不跳号
	检查记账凭证日期、金额、经济业务与原始凭证是否一一对应
	取出大头针、曲别针、订书钉等金属物
（3）其他资料整理	科目汇总表、T 形账放会计凭证最前面
	试算平衡表放会计凭证后面
	银行对账单、银行存款余额调节表可装订在第一本凭证中或年终单独装订保存，按企业历年要求处理
（4）物料顺序	凭证包角字面朝下放凭证封面上面
	顺序：包角、凭证封面、科目汇总表、T 形账、会计凭证、试算平衡表、凭证封底
（5）打孔装订	整理左沿边对齐，上沿边对齐，并用夹子固定好
	左上角打孔：分别距左沿边、上沿边 1.5 厘米各打一个孔
	穿线装订，装订后在会计凭证背面打结系紧，剪掉多余线头
	粘贴好包角
（6）填写凭证信息	填写封面信息：年度、月份、册数、凭证起止号、单位信息、会计人员等
	填写包角信息：年度、月份、册数、凭证起止号

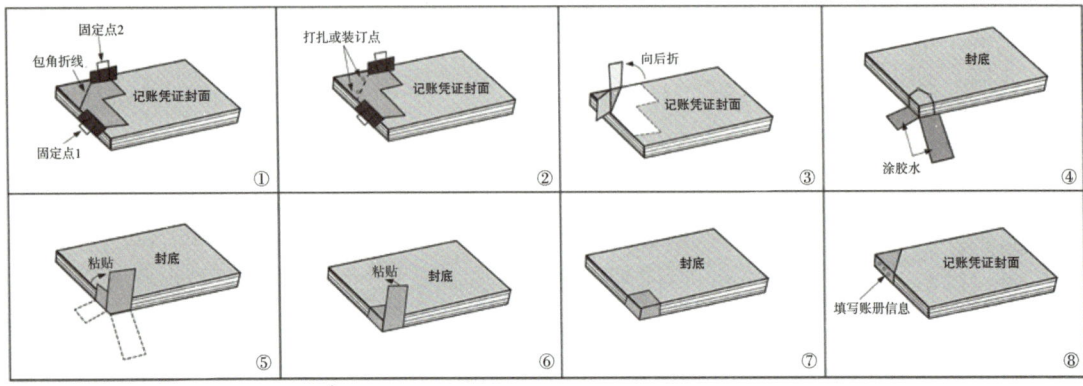

图 8-1　会计凭证打孔装订步骤

二、增值税专用发票抵扣联的装订

增值税专用发票抵扣联,根据取得的时间顺序,按单证种类每25份装订一册,不足25份的按实际份数装订。具体装订方法如表8-2所示,打孔装订如图8-2所示。

表 8-2 账簿装订方法

步骤	内容
(1)内页排序	把当月认证抵扣的增值税专用发票的抵扣联按顺序排列
	盖有税务局认证结果清单的证明附在一起
(2)装订顺序	封面、认证清单、抵扣联、封底
(3)打孔装订	整理左沿边对齐,上沿边对齐,并用夹子固定好
	左侧打孔装订,距左边沿边1.5厘米处等距离打3个孔,两孔之间距离为3厘米
	穿好线绳,在背面打结系紧后,剪掉多余的线头,用胶水粘好包角纸

将整本凭证向左磕齐并打孔

用线绳穿过三个孔并捆绑紧

将绳结打在背面,并用纸条封盖

图 8-2 会计账簿打孔装订示意图

三、会计报表的装订

会计报表编制完成及时报送后,留存的报表按月装订成册谨防丢失。小企业可按季装订成册。具体装订方法如表8-3所示。

表 8-3 会计报表的装订

步骤	内容
(1)报表整理	会计报表装订前要按编报目录核对是否齐全,整理报表页数,上边和左边对齐压平,防止折角,如有损坏部位修补后,完整无缺地装订
(2)装订顺序	会计报表封面、会计报表编制说明、各种会计报表按会计报表的编号顺序排列、会计报表的封底

请使用材料完成江东东方泵业有限公司 2022 年 3 月的会计档案的装订实操。
（1）在财务软件中下载并打印记账凭证、科目汇总表和财务报表。
（2）按要求将 3 月会计凭证进行整理，按月分别进行装订。
（3）按要求将 3 月增值税专用发票抵扣联进行整理，进行装订。
（4）按要求将 3 月财务报表进行整理，进行装订。

票 据 簿

江东增值税专用发票

No 22322439

3200420745
22322439

开票日期：2022年03月01日

购买方	名　称：江东东方泵业有限公司
	纳税人识别号：91320356850881089N
	地　址、电　话：江州市惠山经济开发区中惠大道366号 086-83620019
	开户行及账号：工商银行江州惠山支行 11030130089000２188

密码区：
0/-2390<9-5/2-/469+-<8626*
7+*>42>*7>8565+>6965<>65+96
3+>29896/3<083>5*79>7>8<1/5
57>64/7>15067*8*2720/75694*

货物或应税劳务、服务名称	规格型号	单位	数量	单价	金额	税率	税额
*水轮机*转子	CA7102	个	200	1220.00	244000.00	13%	31720.00
合　计					¥244000.00		¥31720.00

价税合计（大写） ⊗ 贰拾柒万伍仟柒佰贰拾圆整　　（小写）¥275720.00

销售方	名　称：江州市峰华贸易有限公司
	纳税人识别号：913201988546256226
	地　址、电　话：江州市惠山经济开发区惠畅路188号 086-83625001
	开户行及账号：中国银行股份有限公司江州惠山支行 50665816626

备注：

收款人：陈晨　　复核：李琳　　开票人：孙巧

税总函〔2022〕222号 ** 造币有限公司

票据簿

江东增值税专用发票

No 22322439
3200420745
22322439

开票日期：2022年03月01日

购买方	名　称：江东东方泵业有限公司
	纳税人识别号：91320356850881089N
	地　址、电　话：江州市惠山经济开发区中惠大道366号 086-83620019
	开户行及账号：工商银行江州惠山支行 11030130089002188

密码区：
0/-2390<9-5/2-/469+-<83626*
7+*>42>*7>8565+>6965<>65+96
3>29896/3<083>5*79>7>8<1/5
57>64/7>15067>8*2720/75694*

货物或应税劳务、服务名称	规格型号	单位	数量	单价	金额	税率	税额
*水轮机*转子	CA7102	个	200	1220.00	244000.00	13%	31720.00
合　计					¥244000.00		¥31720.00

价税合计（大写）　⊗ 贰拾柒万伍仟柒佰贰拾圆整　（小写）¥275720.00

销售方	名　称：江州市峰华贸易有限公司
	纳税人识别号：91320198854625622B
	地　址、电　话：江州市惠川经济开发区惠畅路188号 086-83625001
	开户行及账号：中国银行股份有限公司江州惠山支行 50665816826

收款人：陈晨　　复核：李琳　　开票人：张巧

税总函〔2022〕222号 ＊＊造币有限公司

票据簿

1-3

收 料 单

No. 1405014001

供应单位：江州市峰华贸易有限公司　　2022 年 03 月 01 日填

发票号码：　　　　　　　收料仓库：

① 存根（白）② 记账（红）③ 回执（黄）

材料名称	规格	计量单位	数量		买价		实际成本			单位成本
			应收	实收	单价	金额	摊运杂费	其他	合计	
轮子	CAT1102	个	200	200	1220.00	244,000.00			244,000.00	
合　计			200	200		244,000.00			244,000.00	

主管 徐卫斌　　会计 李红　　验收 李元阴　　制单 李元阴

票据簿

江苏增值税专用发票

No 48309512

3200190748
48309512

开票日期：2022年03月01日

购买方	名称：江东东方泵业有限公司
	纳税人识别号：91320356850881089N
	地址、电话：江州市惠山经济开发区中惠大道366号 086-83620019
	开户行及账号：工商银行江州惠山支行1103013008900002188

货物或应税劳务、服务名称	规格型号	单位	数量	单价	金额	税率	税额
*电线电缆*漆包线		千克	150	628.00	94200.00	13%	12246.00
合计					¥94200.00		¥12246.00

价税合计（大写）　⊗ 壹拾万陆仟肆佰肆拾陆圆整　（小写）¥106446.00

销售方	名称：江州市金信铜业有限公司
	纳税人识别号：91320198863565516F
	地址、电话：江州市惠山经济开发区工业园 086-83620466
	开户行及账号：中国建设银行长安支行 10653224240005078

备注：苏玲

收款人：张炎　　复核：高富　　开票人：苏玲　　销售方：（章）

票据簿

江苏增值税专用发票

发票联号：3200190748
No 48309512

开票日期：2022年03月01日

购买方	名称：江东东方泵业有限公司
	纳税人识别号：91320356850881089N
	地址、电话：江州市惠山经济开发区中惠大道366号 086-83620019
	开户行及账号：工商银行江州惠山支行1103013008900002188

货物或应税劳务、服务名称	规格型号	单位	数量	单价	金额	税率	税额
*电线电缆*漆包线		千克	150	628.00	94200.00	13%	12246.00
合计					¥94200.00		¥12246.00

价税合计（大写） ⊗ 壹拾万陆仟肆佰肆拾陆圆整　（小写）¥106446.00

销售方	名称：江州市金信铜业有限公司
	纳税人识别号：91320198863565516F
	地址、电话：江州市惠川经济开发区工业园 086-83620466
	开户行及账号：中国建设银行长安支行10653224240005078

备注：

收款人：张炎　　复核：高蕾　　开票人：苏玲

税总函〔2022〕333号 **造币有限公司

票据簿

乙3

收 料 单

No. 1405014002

2022 年 03 月 01 日 填

供应单位：江州市金信铜业有限公司　　发票号码：　　　　　　收料仓库：

材料名称	规格	计量单位	数量		买价		实际成本			单位成本
			应收	实收	单价	金额	摊运杂费	其他	合计	
漆包线		千克	150	150	628.00	94200.00			94200.00	
合　计			150	150		94200.00			94200.00	

主管 徐习波　　会计 朱红　　验收 李元明　　制单 李元明

① 存根(白) ② 记账(红) ③ 回执(黄)

票据簿

江苏增值税专用发票

No 75391691

开票日期: 2022年03月02日

购买方	名　称: 江苏东方泵业有限公司
	纳税人识别号: 91320356850881089N
	地址、电话: 江州市惠山经济开发区中惠大道366号 086-83620019
	开户行及账号: 工商银行江州惠山支行 1103013008900002188

密码区:
```
2619067*7/*7<-90*2>090**+840
*8>3/5-285>/14858/*1036*57+
492>3<*94208567827274>/54+2
18514/50>8/+8-579/2+<5<1/7>
```

货物或应税劳务、服务名称	规格型号	单位	数量	单价	金额	税率	税额
*泵*水泵外壳		个	200	860.00	172000.00	13%	22360.00
合　计					¥172000.00		¥22360.00

价税合计(大写) ⊗ 壹拾玖万肆仟叁佰陆拾圆整　　(小写) ¥194360.00

销售方	名　称: 江州市汇东机电设备有限公司
	纳税人识别号: 91320264NQ2Y5KLY6R
	地址、电话: 江州市新吴区净慧东道99号 086-83630214
	开户行及账号: 中国银行股份有限公司江州市硕放支行 5547465637

收款人: 沈路　　复核: 刘飞　　开票人: 张楠　　销售方: (发票专用章)

税总函〔2022〕555号　**造币有限公司

票据簿

江东增值税专用发票

No 75391691

开票日期：2022年03月02日

购买方	名称：江东东方泵业有限公司 纳税人识别号：91320356850881089N 地址、电话：江州市惠山经济开发区中惠大道366号 086-83620019 开户行及账号：工商银行江州惠山支行 11030130089002188

货物或应税劳务、服务名称	规格型号	单位	数量	单价	金额	税率	税额
*泵*水泵外壳		个	200	860.00	172000.00	13%	22360.00
合计					¥172000.00		¥22360.00

价税合计（大写）⊗ 壹拾玖万肆仟叁佰陆拾圆整　（小写）¥194360.00

销售方	名称：江州市汇东机电设备有限公司 纳税人识别号：91320264NQ2Y5KLY6R 地址、电话：江州市新吴区净慧东道99号 086-83630214 开户行及账号：中国银行股份有限公司江州市硕放支行 55474655337

收款人：沈路　　复核：刘飞　　开票人：张楠

（销售方发票专用章：江州市汇东机电设备有限公司 91320264NQ2Y5KLY6R）

税总函〔2022〕555号＊＊造币有限公司

票据簿

收 料 单

No.1405014003

供应单位：江州市汇丰机电设备有限公司　2022 年 03 月 02 日 填
收料仓库：　　　　　　　　　　　　　　发票号码：

① 存根（白）② 记账（红）③ 回执（黄）

材料名称	规格	计量单位	数量		买价		实际成本		
			应收	实收	单价	金额	摊运杂费	其他	合计
水泵外壳		个	200	200	860.00	172000.00			172000.00
合　计			200	200		172000.00			172000.00

主管 徐□波　　会计　　朱红　　验收 多元阴　　制单 多元阴

票据簿

江东增值税专用发票

No 68685250

3200190748
6868525O
开票日期：2022年03月03日

购买方	名　称：江东东方泵业有限公司
	纳税人识别号：913203568508810089N
	地　址、电　话：江州市惠山经济开发区中慧大道366号 086-83620019
	开户行及账号：工商银行江州惠山支行 11030130089002188

密码区：
064/709+-1+3*57*<-6+071*/3<
84395*+34930946-/8>1+820+/
-879<>63<1*1/8320/85/+9684+
</4/<62<1053-9<9-0<63*06>37

货物或应税劳务、服务名称	规格型号	单位	数量	单价	金额	税率	税额
*石油制品*润滑油		桶	10	220.00	2200.00	3%	66.00
*纺织品*丁套		双	100	5.00	500.00	3%	15.00
*纺织用品*口罩		个	100	20.00	2000.00	3%	60.00
合　计					¥4700.00		¥141.00

价税合计（大写） ⊗ 肆仟捌佰肆拾壹圆整　　　（小写）¥4841.00

销售方	名　称：江州市富阴贸易有限公司	备注：梁天
	纳税人识别号：913201988237742253E	
	地　址、电　话：江州市玉山区羊头锁羊尖山大街 086-66562264	
	开户行及账号：中国工商银行江州市玉山支行 11030119987000415	

收款人：吴江　　复核：王晴　　开票人：梁天

票据簿

江苏增值税专用发票

No 58685250

开票日期:2022年03月03日

购买方	名称: 江东东方泵业有限公司
	纳税人识别号: 91320356850881089N
	地址、电话: 江州市惠山经济开发区中惠大道366号 086-83620019
	开户行及账号: 工商银行江州惠山支行11030130089002188

货物或应税劳务、服务名称	规格型号	单位	数量	单价	金额	税率	税额
*石油制品*润滑油		桶	10	220.00	2200.00	3%	66.00
*纺织用品*手套		双	100	5.00	500.00	3%	15.00
*纺织用品*口罩		个	100	20.00	2000.00	3%	60.00
合　计					¥4700.00		¥141.00

价税合计(大写) ⊗ 肆仟捌佰肆拾壹圆整　(小写) ¥4841.00

销售方	名称: 江州市富阳贸易有限公司
	纳税人识别号: 913201988237742S3E
	地址、电话: 江州市玉川区羊尖镇羊尖大街 086-66562264
	开户行及账号: 中国工商银行江州市玉山支行 11030199870004l5

备注: 梁天

收款人: 吴江　　复核: 王晴　　开票人: 梁天

票据簿

4-3

收　料　单

No. 1405014004

供应单位：江州市富阳贸易有限公司　　　2022 年 03 月 03 日 填

收料仓库：　　　　发票号码：

① 存根（白）② 记账（红）③ 回执（黄）

材料名称	规格	计量单位	数量		买价		实际成本			单位成本
			应收	实收	单价	金额	摊运杂费	其他	合计	
润滑油		桶	10	10	220.00	2200.00			2200.00	
手套		双	100	100	5.00	500.00			500.00	
口罩		个	100	100	20.00	2000.00			2000.00	
合　计			210			4700.00			4700.00	

主管　徐呈波　　　会计　　　　　朱红　　　　验收　李元明　　　制单　李元明

票据簿

5-1

付 款 申 请 单

申请部门：采购部 2022 年 03 月 05 日 填

收款单位	江州创新机械设备有限公司	付款原因	购买铣床
银行账号	5547443222357		
开户行	中国银行股份有限公司江州玉山支行		
付款方式	银行转账		
付款截止日			
人民币（大写）	ⓧ佰壹拾肆万玖仟捌佰肆拾零元零角零分	¥ 189,840.00

领导审批 李易　财务主管 王晓琳　部门主管 王峰　经办人 杨涛

票据簿

江苏增值税专用发票

发票代码：3200190750
发票号码：75302856
开票日期：2022年03月05日
校验码：085<60<31204>2<>-6/82-2*53 >7<*9053857*14040<3<05+>0>3< 28<2682+5+/<<4+81*>6505*0> 48*/62768*859-31201/+963456

购买方	名　称：江东东方泵业有限公司 纳税人识别号：91320356850881089N 地　址、电　话：江州市惠山经济开发区中惠大道366号 086-83620019 开户行及账号：工商银行江州惠山支行 11030130089000218

货物或应税劳务、服务名称	规格型号	单位	数量	单价	金额	税率	税额
*机床*铣床	立式铣床	台	1	168000.00	168000.00	13%	21840.00
合　计					￥168000.00		￥21840.00

价税合计（大写）　⊗ 壹拾捌万玖仟捌佰肆拾圆整　　（小写）￥189840.00

销售方	名　称：江州创新机械设备有限公司 纳税人识别号：913201988359117558F 地　址、电　话：江州市玉山区玉川钗东南路9号 086-5886566 开户行及账号：中国银行股份有限公司江州玉山支行 55474322357

备注：陈非

收款人：徐强　　复核：谭燕　　开票人：陈非　　销售方：（章）

税总函〔2022〕666号 ** 造币有限公司

票据簿

5-3

江东增值税专用发票

No 75302856

3200190750
75302856

开票日期：2022年03月05日

购买方	名　称：江东东方泵业有限公司 纳税人识别号：913203568508810898N 地　址、电　话：江州市惠山经济开发区中惠大道366号 086-83620019 开户行及账号：工商银行江州惠山支行 11030130089000218	密码区	085<60<31204>2<>-6/82-2+*53 >7<9053857*14040<3<05+>0>3< 28<2682+5+/<4+81*>6505*0> 48*/62768*859-31201/+963456

货物或应税劳务、服务名称	规格型号	单位	数量	单价	金额	税率	税额
*机床*铣床	立式铣床	台	1	168000.00	168000.00	13%	21840.00

| 合　计 | | | | | ¥168000.00 | | ¥21840.00 |

价税合计（大写）　⊗ 壹拾捌万玖仟捌佰肆拾圆整　　（小写）¥189840.00

销售方	名　称：江州创新机械设备有限公司 纳税人识别号：91320198835917558F 地　址、电　话：江州市玉川区玉川铂东南路9号 086-5886566 开户行及账号：中国银行股份有限公司江州玉山支行 55474322355	备注

收款人：徐强　　复核：邓燕　　开票人：陈菲

税总函〔2022〕666号 ** 造币有限公司

票据簿

5-4

ICBC 中国工商银行 业务回单（付款）

日期：2022 年 03 月 05 日　　回单编号：1534915956

付款人户名：江东东方泵业有限公司
付款人账号（卡号）：1103013008900002188　　付款人开户行：工商银行江州惠山支行
收款人户名：江州创新机械设备有限公司　　收款人开户行：中国银行股份有限公司江州玉山支行
收款人账号（卡号）：554743223557
金额：壹拾捌万玖仟捌佰肆拾元整　　小写：189840.00
摘要：货款　　凭证种类：000000000　　凭证号码：0000000000000000
业务（产品）种类：结算业务凭证　　用途：转账　　币种：人民币
交易机构：0410000292　　记账柜员：03741　　交易代码：02108　　渠道：柜面
产品名称：　　费用名称：　　收费渠道：
应付金额：189840.00　　实付金额：189840.00　　打印柜员：9　　验证码：0A87640EF006

打印日期：2022年03月05日

本回单为第一次打印，注意重复

（印章：中国工商银行股份有限公司 江州惠山支行 业务专用章 65DFBCEF0014）

票据簿

6-1

付 款 申 请 单

申请部门：采购部　　　　　　　　　2022 年 03 月 05 日 填

收款单位	江州创新机械设备有限公司	付款原因	钱床安装费
银行账号	5547432223557		
开户行	中国银行股份有限公司江州玉山支行		
付款方式	银行转账		
付款截止日			
人民币（大写）	⊗佰⊗拾⊗万伍仟零佰零拾零元零角零分	¥ 5000.00

领导审批 李宏　　财务主管 王晓琳　　部门主管 王峰　　经办人 杨清

票据簿

江东增值税专用发票

发票号码：№ 75302857
开票日期：2022年03月05日

购买方	名　称：江东东方泵业有限公司 纳税人识别号：91320356850881089N 地　址、电　话：江州市惠山经济开发区中惠大道366号 086-83620019 开户行及账号：工商银行江州惠山支行 110301300890002188

货物或应税劳务、服务名称	规格型号	单位	数量	单价	金额	税率	税额
*劳务服务*安装费		项	1	4587.16	4587.16	9%	412.84
合　计					¥4587.16		¥412.84

价税合计（大写）　⊗ 伍仟圆整　　（小写）¥5000.00

销售方	名　称：江州创新机械设备有限公司 纳税人识别号：91320198835917558F 地　址、电　话：江州市玉川区玉川钒东南路9号 086-5886566 开户行及账号：中国银行江州玉山支行 55474322355F

收款人：徐强　　复核：谭燕　　开票人：陈菲

税总函〔2022〕666号 ** 造币有限公司

票据簿

江东增值税专用发票

No 75302857

3200190750
75302857

开票日期：2022年03月05日

	名 称：	江东东方泵业有限公司			
购买方	纳税人识别号：	91320356850881089N			
	地 址、电 话：	江州市惠山经济开发区中惠大道366号 086-83620019			
	开户行及账号：	工商银行江州惠山支行 11030130089002188			

货物或应税劳务、服务名称	规格型号	单位	数量	单价	金额	税率	税额
*劳务服务*安装费		项	1	4587.16	4587.16	9%	412.84
合 计					¥4587.16		¥412.84

价税合计（大写） ⊗ 伍仟圆整   （小写）¥5000.00

	名 称：	江州创新机械设备有限公司
销售方	纳税人识别号：	913201988359175587F
	地 址、电 话：	江州市玉川区玉川铁东南路9号 086-5886566
	开户行及账号：	中国银行股份有限公司江州玉山支行 55474322355

密码区：
2<<39<390+9575<1+96207</48
5-*/327>4->+0372329<*-52580
204067-183*61*<>/2-86719<-
6*21+67075<*83<04>96971*04/

收款人：徐强　　复核：吗燕　　开票人：陈菲

（发票专用章：江州创新机械设备有限公司 913201988359175587F）

税总函〔2022〕666号　**造币有限公司

票 据 簿

5-4

ICBC 中国工商银行 业务回单（付款）

日期：2022 年 03 月 05 日　　　　　　　回单编号：2597835691

付款人户名：江苏东方泵业有限公司
付款人账号（卡号）：1103013008890002188　　付款人开户行：工商银行江州惠山支行
收款人户名：江州创新机械设备有限公司
收款人账号（卡号）：55474322357　　　　　收款人开户行：中国银行股份有限公司江州玉山支行
金额：伍仟元整　　　　　　　　　　　　　　　小写：5000.00
业务（产品）种类：结算业务凭证　　凭证种类：0000000000　　凭证号码：00000000000000000
摘要：安装费　　　　　　　　　　用途：转账　　　　　　　币种：人民币
交易机构：0410000292　　记账柜员：03741　　交易代码：02108　　渠道：柜面
产品名称：　　　　　　　　　　费用名称：
应付金额：5000.00　　　　　　实付金额：5000.00　　　　收费渠道：　　打印柜员：9

打印日期：2022年03月05日　　　　验证码：0A87640EF006

（工商银行股份有限公司 江州惠山支行 业务专用章）

本回单为第一次打印，注意重复

票据簿

7-1

固定资产验收单

2022年3月5日

序号	固定资产名称	型号规格	类别	金额（元）	使用部门	入账日期	增加方式	折旧方法	使用年限	预计净残值
1	立式铣床	A003	机器机械生产设备	172,587.16	生产车间	2022/3/5	购入	年限平均法	10	8,629.36
	合计			172,587.16						8,629.36

票据簿

江东增值税专用发票

No 53163201
3200190920
53163201

开票日期：2022年03月08日

购买方	名　称：江州市智华贸易有限公司
	纳税人识别号：91320202246657899A
	地　址、电　话：江州市圣湖东路37号 086-86547750
	开户行及账号：中国银行江州蠡湖支行 1103010917200165188

密码区：
/9<6202+25+4>*573>/2>8/>-6<
<*><089<70426+96403589 8-417
39>6+8<3+*6/>*7+2075-*3->63
>5350-6>5*9-1613-*9<-6-54</

货物或应税劳务、服务名称	规格型号	单位	数量	单价	金额	税率	税额
*泵*水泵	NB-10微型水泵	台	250	5000	1250000.00	13%	162500.00
合　计					¥1250000.00		¥162500.00

价税合计（大写）　⊗壹佰肆拾壹万贰仟伍佰圆整　（小写）¥1412500.00

销售方	名　称：江东东方泵业有限公司
	纳税人识别号：91320356850881089N
	地　址、电　话：江州市惠川经济开发区中惠大道366号 086-83620019
	开户行及账号：工商银行江州惠山支行 1103013008900 02188

备注：朱红

开票人：王晓琳　复核：王晓琳　收款人：张燕

税总函〔2022〕555号 ** 造币有限公司

票据簿

江东东方泵业有限公司
销售单

8-2 № 50012592121

日期：2022年03月08日

客户名称：江州市智华贸易有限公司　　　　纳税人识别号：913202022446578999A

地址电话：江州市圣湖东路37号 086-86547750　　开户行及账号：中国银行江州蠡湖支行 11030109172001651 88

编码	产品名称	规格	单位	数量	单价	金额	备注
	微型水泵	NB-10	台	250	5650.00	1,412,500.00	
合计	人民币（大写）：壹佰肆拾壹万贰仟伍佰元整					¥1,412,500.00	

地址：江州市惠山经济开发区中惠大道366号　　　　电话：086-83620019

经办人：李元明　　　　签收人：金晨

复核人：徐旦波

第三联　财务联

票据簿

江东增值税专用发票

No 53163202

开票日期：2022年03月08日

购买方	名称：江州市中知贸易有限公司 纳税人识别号：913202031771105386L 地址、电话：江州市珠江路58号 086-85221733 开户行及账号：工商银行江州珠江路支行 30208172009422	密码区	2641351*1461-30858*>7343067 8641>52*3-+/+481*7+8+*061<+ 9>287*1>8>*07>20427+>694*8- ->+2731-807+7289+95>5802*07

货物或应税劳务、服务名称	规格型号	单位	数量	单价	金额	税率	税额
*泵*水泵	NB-15微型水泵	台	115	4900.00	563500.00	13%	73255.00
合　计					¥563500.00		¥73255.00

价税合计（大写）　⊗陆拾叁万陆仟柒佰伍拾伍圆整　（小写）¥636755.00

销售方	名称：江东东方泵业有限公司 纳税人识别号：91320356850881089N 地址、电话：江州市惠川经济开发区中惠大道366号 086-83620019 开户行及账号：工商银行江州惠山支行 11030130089002188	备注	

收款人：张燕　　　复核：王晓琳　　　开票人：朱红　　　销售方：（章）

税总函〔2022〕555号 **造币有限公司

票据簿

9-2

江东东方泵业有限公司
销售单

No.500125592122

日期：2022年03月08日

客户名称：江州市中知贸易有限公司　　纳税人识别号：91320203177105386L
地址电话：江州市珠江路58号 086-85221733　　开户行及账号：工商银行江州珠江路支行 3020817200094221

编码	产品名称	规格	单位	数量	单价	金额	备注
	微型水泵	NB-15	台	115	5537.00	636,755.00	第三联 财务联
合计	人民币（大写）：陆拾叁万陆仟柒佰伍拾伍元整					￥636,755.00	

地址：江州市惠山经济开发区中惠大道366号　　电话：086-83620019

复核人：徐旦波　　经办人：李元明　　签收人：李阳

票据簿

江苏增值税普通发票

发票代码: 3200190201
发票号码: 16928259
开票日期: 2022年03月08日

密码区: 1*>6<7320*-4>*2>5</565850<>7 9486>-<2-9-1/7+181/51<-9368< 9*<+1-<+7+/692/3923591</<609 <+87/3+83<30*48/6/641+5635/7

购买方	名称: 江州市中兴设备修理厂
	纳税人识别号: 91320200567816721L
	地址、电话: 江州市永安路16号 086-85228146
	开户行及账号: 中信银行江州永安路支行 735231018240013478

货物或应税劳务、服务名称	规格型号	单位	数量	单价	金额	税率	税额
*泵*水泵	NB-15微型水泵	台	5	4900.00	24500.00	13%	3185.00
合　计					¥24500.00		¥3185.00

价税合计(大写): ⊗ 贰万柒仟陆佰捌拾伍圆整　　(小写) ¥27685.00

销售方	名称: 江东东方泵业有限公司
	纳税人识别号: 91320356850881089N
	地址、电话: 江州市惠川经济开发区中惠大道366号 086-83620019
	开户行及账号: 工商银行江州惠山支行 110301300890002188

收款人: 张燕　　复核: 王晓琳　　开票人: 朱红　　销售方: (章)

税总函〔2022〕222号 **造币有限公司

票据簿

10-2

江苏东方泵业有限公司
销售单

No.50012592123

日期：2022年03月08日

客户名称：江州市中兴设备修理厂
纳税人识别号：913202005678167721L
地址电话：江州市永安路16号 086-85228146
开户行及账号：中信银行江州永安路支行 735231018240013478

编码	产品名称	规格	单位	数量	单价	金额	备注
	微型水泵	NB-15	台	5	5537.00	27,685.00	
合计	人民币（大写）：贰万柒仟陆佰捌拾伍元整					¥ 27,685.00	

地址：江州市惠山经济开发区中惠大道366号　　　　电话：086-83620019

经办人：李元明　　　签收人：周雅琪

复核人：徐日波

第三联 财务联

票据簿

江苏增值税专用发票

No 53163203

3200190920
53163203

开票日期：2022年03月10日

购买方	名称：江州市方圆泵业制造有限公司
	纳税人识别号：91325689132142437X
	地址、电话：江州市开发区人民路59号 086-86001695
	开户行及账号：浦发银行江州人民路支行 20508835414313899

密码区：
0/9*8<91+809*862-483139+/62
5<80+75*5/<0>9/<6+>5*19595-
/>4>252<375-896><34/>6+*<+1
><+46564+9403/35<+296/930<

货物或应税劳务、服务名称	规格型号	单位	数量	单价	金额	税率	税额
*水轮机*转子	CA7102	个	10	1400.00	14000.00	13%	1820.00
合　计					¥14000.00		¥1820.00

价税合计（大写）　⊗　壹万伍仟捌佰贰拾圆整　（小写）¥15820.00

销售方	名称：江东东方泵业有限公司
	纳税人识别号：91320356850081089N
	地址、电话：江州市惠山经济开发区中惠大道366号 086-83620019
	开户行及账号：工商银行江州惠山支行 1103013008900002188

备注：朱红

收款人：张燕　　复核：王晓琳　　开票人：张燕　　销售方：（章）

税总函〔2022〕555号　**造币有限公司

票据簿

江东东方泵业有限公司
销售单

No.500125921Z4

日期：2022年03月10日

客户名称：江州市方圆泵业制造有限公司
纳税人识别号：913256689132142437X
地址电话：江州市开发区人民路59号 086-86001695
开户行及账号：浦发银行江州人民路支行 205088354141431389

编码	产品名称	规格	单位	数量	单价	金额	备注
	转子	CA7102	个	10	1582.00	15,820.00	
合计	人民币（大写）：壹万伍仟捌佰贰拾元整					￥15,820.00	

地址：江州市惠山经济开发区中惠大道366号　　　经办人：李元明

电话：086-83620019　　　签收人：李希望

复核人：徐日波

11-2

票据簿

II-3

ICBC 中国工商银行　业务回单（收款）

日期：2022 年 03 月 10 日　　　　　　　　　　　回单编号：8109258730

付款人户名：江州市方圆泵业制造有限公司
付款人账号（卡号）：2050883541431389　　付款人开户行：浦发银行江州人民路支行
收款人户名：江东东方泵业有限公司
收款人账号（卡号）：1103013008900002188　收款人开户行：工商银行江州惠山支行
金额（产品）种类：结算业务凭证　　凭证种类：000000000　　小写：15820.00
摘要：货款　　　　　　　　　　　　　用途：转账　　　　　　　凭证号码：00000000000000000
交易机构：0410000292　　　　　记账柜员：03741　　交易代码：02108　　币种：人民币
产品名称：　　　　　　　　　　费用名称：　　　　　　　　　　　　　　　渠道：柜面
应收金额：15820.00　　　　　　实收金额：15820.00　　收费渠道：　　　　打印柜员：9

打印日期：2022年03月10日　　　　　　　　　　　　　　　　验证码：0A87640EF006

金额：壹万伍仟捌佰贰拾元整

（盖章：工商银行股份有限公司 江州惠山支行 业务专用章 85DFBCEF0014）

本回单为第一次打印，注意重复

票据簿

12-1 电子银行承兑汇票

出票日期 贰零贰贰年零叁月壹拾日　　票据状态　提示收票待签收
汇票到期日 2022-09-09　　票号　2 42522112945420220310 62458008 6

出票人	全称	江州市中知贸易有限公司	收票人	全称	江东东方泵业有限公司
	账号	3020817200942211		账号	110301300890002188
	开户银行	工商银行江州珠江路支行		开户银行	工商银行江州惠山支行
出票保证信息	保证人姓名：			保证日期：	
票据金额	人民币（大写）	捌万陆仟元整			¥ 86,000.00
承兑人信息	全称	工商银行江州珠江路支行		开户行行号	42522112945
	账号	735231085360002105		开户行名称	工商银行江州珠江路支行
交易合同号			承兑信息	出票人承诺：本汇票信息请予以承兑，到期无条件付款	
能否转让	可转让			承兑人承诺：本汇票已经承兑，到期无条件付款	
				承兑日期：2022-03-10	
承兑保证信息	保证人姓名：			保证日期：	
评级信息（由出票人、承兑人自己记载，承兑人参考）	出票人	评级主体：江州市中知贸易有限公司		信用等级：	评级到期日：
	承兑人	评级主体：工商银行江州珠江路支行		信用等级：	评级到期日：
备注					

票据簿

日-1

ICBC 中国工商银行
业务回单（收款）

日期：2022 年 03 月 11 日　　　　回单编号：594267142

付款人户名：江州市誉华贸易有限公司　　付款人开户行：中国银行江州叠湖支行
付款人账号（卡号）：1103010917200165188
收款人户名：江东东方泵业有限公司　　　收款人开户行：工商银行江州惠山支行
收款人账号（卡号）：1103013008900002188
金额：陆拾叁万叁仟伍佰元整　　　　　　小写：633500.00
业务（产品）种类：结算业务凭证　　　　凭证号码：00000000000000000
摘要：货款　　　　　　　　　　　　　　币种：人民币
交易机构：0410000292　　记账柜员：03741　　用途：转账　　渠道：柜面
产品名称：　　　　　　　费用名称：　　　　交易代码：02108
应收金额：633500.00　　实收金额：633500.00　　收费渠道：

打印日期：2022年03月11日　　打印柜员：9　　验证码：0A87640EF006
                                                         85DFBCEF0014

本回单为第一次打印，注意重复

（中国工商银行股份有限公司 江州惠山支行 业务专用章）

票据簿

归-2

ICBC Ⓘ 中国工商银行

业务回单（收款）

日期：2022 年 03 月 11 日　　　　　　　　　　　回单编号：5972159735

付款人户名：江州市中兴设备修理厂
付款人账号（卡号）：7352310182440013478　　　付款人开户行：中信银行江州永安路支行
收款人户名：江东东方泵业有限公司
收款人账号（卡号）：1103013008900002188　　　收款人开户行：工商银行江州惠山支行
金额：贰万肆仟捌佰陆拾元整　　　　　　　　　　小写：24860.00
业务（产品）种类：结算业务凭证　　凭证种类：000000000　　凭证号码：00000000000000000
摘要：货款　　　　　　　　　　　　 用途：转账　　　　　　币种：人民币
交易机构：0410000292　　记账柜员：03741　　交易代码：02108　　渠道：柜面
产品名称：
应收金额：24860.00　　费用名称：
　　　　　　　　　　　实收金额：24860.00　　收费渠道：　　　　打印柜员：9

打印日期：2022年03月11日　　　　　　验证码：0A87640EF006

本回单为第一次打印，注意重复

票据簿

股东会决议

同意丁凯向本单位注资共200,000元,享受约2.44%的股份。

江东东方泵业有限公司
2022-3-11

14-1

票据簿

14-2

ICBC 🏦 中国工商银行

日期：2022 年 03 月 11 日

业务回单（收款）

回单编号：245657892

付款人户名：J 凯
付款人账号（卡号）：6217922473162468
收款人户名：江东东方泵业有限公司
收款人账号（卡号）：11030130089002188
金额：贰拾万元整

付款人开户行：上海浦东发展银行江州新区支行
收款人开户行：工商银行江州惠山支行
小写：200000.00

摘要：投资款	凭证种类：000000000	凭证号码：0000000000000000
	用途：转账	币种：人民币
交易机构：0410000292	记账柜员：03741	交易代码：02108	渠道：柜面
产品名称：	费用名称：	收费渠道：	
应收金额：200000.00	实收金额：200000.00	打印日期：2022年03月11日	打印柜员：9

本回单为第一次打印，注意重复

验证码：0A87640EF006

（工商银行江州惠山支行 业务专用章 85DPBCSF0014）

票据簿

15-1

ICBC ⓘ 中国工商银行

业务回单（收款）

日期：2022 年 03 月 12 日　　　　回单编号：1259735816

付款人户名：
付款人账号：（卡号）：　　　　付款人开户行：
收款人户名：江苏东方泵业有限公司
收款人账号：（卡号）：1103013008900021188　　收款人开户行：工商银行江州惠山支行
金额：壹佰贰拾捌元柒角玖分　　　　　　　　　　小写：128.79
摘要：利息　　　凭证种类：000000000　　凭证号码：000000000000000000
业务（产品）种类：利息收入　　用途：　　　　　　　　　　币种：人民币
交易机构：0410000292　　记账柜员：03741　　交易代码：02108　　渠道：柜面
产品名称：
应收金额：128.79　　　　实收金额：128.79　　费用名称：　　　　打印柜员：9

打印日期：2022-03-12　　验证码：0A87640EF006
　　　　　　　　　　　　　　　　85DFBCEF0014

本回单为第一次打印，注意重复

（盖章：工商银行服务有限公司 江州惠山支行 业务专用章）

票据簿

16-1

ICBC ⓘ 中国工商银行　　**业务回单（付款）**

日期：2022 年 03 月 12 日　　回单编号：1937156428

付款人户名：江东东方泵业有限公司
付款人账号（卡号）：1103013008900021 88　　付款人开户行：工商银行江州惠山支行
收款人户名：
收款人账号（卡号）：　　收款人开户行：
金额：陆拾伍元整　　小写：65.00
业务（产品）种类：业务结算凭证　　凭证种类：0000000000　　凭证号码：00000000000000000
摘要：手续费　　用途：转账　　币种：人民币
交易机构：0410000292　　记账柜员：03741　　交易代码：02108　　渠道：柜面
产品名称：　　费用名称：
应付金额：65.00　　实付金额：65.00　　收费渠道：

打印日期：2022-03-12　　打印柜员：9　　验证码：0A87640EF006

本回单为第一次打印，注意重复

（工商银行股份有限公司 江州惠山支行 业务专用章 65DFBCEF0014）

票据簿

16-2

ICBC ⑬ 中国工商银行   业务回单（付款）

日期：2022 年 03 月 12 日　　回单编号：2458657893

付款人户名：江东东方泵业有限公司
付款人账号（卡号）：1103013008900002188　　付款人开户行：工商银行江州惠山支行
收款人户名：
收款人账号（卡号）：　　收款人开户行：
金额：叁拾元整
　　　　　　　　　　　　　　　　　　　　　　小写：30.00
摘要：银行账户管理费　　凭证种类：0000000000　　凭证号码：000000000000000000
业务（产品）种类：业务结算凭证　　用途：转账　　币种：人民币
交易柜员：03741　　记账柜员：0410000292　　交易代码：02108　　渠道：柜面
产品名称：　　费用名称：
应付金额：30.00　　实付金额：30.00　　收费渠道：

打印日期：2022-03-12　　打印柜员：9　　验证码：0A87640EF006

本回单为第一次打印，注意重复

（印章：中国工商银行股份有限公司 江州惠山支行 业务专用章 85DFBCEF0014）

票据簿

16-3

ICBC ⑲ 中国工商银行

业务回单(付款)

日期：2022 年 03 月 12 日　　　　回单编号：5987265126

付款人户名：江东东方泵业有限公司
付款人账号（卡号）：1103013008900002188　　付款人开户行：工商银行江州惠山支行
收款人户名：
收款人账号（卡号）：　　　　收款人开户行：
金额：伍拾元整　　　　　　　　　　　　　　小写：50.00
业务（产品）种类：业务结算凭证　　凭证种类：0000000000
摘要：手续费　　　　　　用途：转账　　　　凭证号码：000000000000000000
交易机构：0410000292　　　　　　　　　　币种：人民币
产品名称：　　　记账柜员：03741　交易代码：02108　　渠道：柜面
应付金额：50.00　实付金额：50.00　收费渠道：　　打印柜员：9　　验证码：0A87640EF006

打印日期：2022-03-12

本回单为第一次打印，注意重复

(盖章：中国工商银行股份有限公司 江州惠山支行 业务专用章 85DFBCE0014)

17-1

付 款 申 请 单

申请部门：采购部　　　　　2022 年 03 月 12 日填

收款单位	江州市汇东机电设备有限公司	付款原因	付货款
银行账号	554746656337		
开 户 行	中国银行股份有限公司江州市颖波支行		
付款方式	转账		
付款截止日			
人民币（大写）	⊗佰贰拾贰万零仟叁佰陆拾零元零角零分		¥220,360.00

领导审批 李安　　财务主管 王晓琳　　部门主管 王峰　　经办人 杨涛

票据簿

17-2

ICBC 中国工商银行

业务回单（付款）

日期：2022 年 03 月 12 日　　　　　　　回单编号：3548970125

付款人户名：江东东方泵业有限公司　　　　付款人开户行：工商银行江州惠山支行
付款人账号（卡号）：11030130089002188
收款人户名：江州市汇东机电设备有限公司　收款人开户行：中国银行股份有限公司江州市颐放支行
收款人账号（卡号）：55474665633７

金额：贰拾贰万零叁佰陆拾元整　　　　　　小写：220360.00
业务（产品）种类：结算业务凭证　　　　　凭证种类：000000000　　　凭证号码：00000000000000000
摘要：货款　　　　　　　　　　　　　　　　用途：转账　　　　　　　币种：人民币
交易机构：0410000292　　记账柜员：03741　交易代码：02108　　　　渠道：
产品名称：货款　　　　　　　费用名称：
应付金额：220360.00　　　　实付金额：220360.00　　收费渠道：　　打印柜员：9

打印日期：2022-03-12　　　　　　　　　　　　　　　　　　　　验证码：0A87640EF006

本回单为第一次打印，注意重复

票据簿

付款申请单

17-3

申请部门：采购部　　2022 年 03 月 12 日 填

收款单位	江州市创科机械设备有限公司	付款原因	货款
银行账号	2761018800007456		
开户行	农业银行江州站支行		
付款方式	转账		
付款截止日			
人民币（大写）	⊗佰柒万叁仟零佰零拾零元零角零分	¥	73,000.00

领导审批：李安　　财务主管：王晓琳　　部门主管：王峰　　经办人：杨清

票据簿

I7-4

ICBC 🏦 中国工商银行

业务回单（付款）

日期：2022 年 03 月 12 日　　　　回单编号：3548970125

付款人户名：江东东方泵业有限公司
付款人账号（卡号）：1103013008890002188　　付款人开户行：工商银行江州惠山支行
收款人户名：江州市创科机械设备有限公司
收款人账号（卡号）：2761018800007456　　收款人开户行：汉东银行江州南站支行

金额：柒万叁仟元整　　小写：73000.00
摘要：货款　　凭证种类：0000000000　　凭证号码：00000000000000000
业务（产品）种类：结算业务凭证　　用途：转账　　币种：人民币
交易机构：0410000292　　记账柜员：03741　　交易代码：02108　　柜面
产品名称：　　费用名称：　　渠道：
应付金额：73000.00　　实付金额：73000.00　　收费渠道：

打印日期：2022-03-12　　打印柜员：9　　验证码：0A87640EF006

（印章：中国工商银行股份有限公司 江州惠山支行 业务专用章 85DFBCEF0014）

本回单为第一次打印，注意重复

票据簿

17-5

付 款 申 请 单

申请部门：采购部　　　　　　　2022 年 03 月 12 日填

收款单位	江州市峰华贸易有限公司	付款原因	货款
银行账号	5066581 68626		
开户行	中国银行股份有限公司江州惠山支行		
付款方式	转账		
付款截止日			
人民币（大写）	⊗佰贰拾柒万伍仟柒佰贰拾零元零角零分	￥275,720.00	

领导审批 李劲　　财务主管 王晓琳　　部门主管 王峰　　经办人 杨涛

票据簿

17-6

ICBC ⑬ 中国工商银行

业务回单（付款）

日期：2022 年 03 月 12 日　　　　　　回单编号：1854671952

付款人户名：江东东方泵业有限公司
付款人账号（卡号）：1103013008900002188
收款人户名：江州市峰华贸易有限公司　　付款人开户行：工商银行江州惠山支行
收款人账号（卡号）：50665816862　　　收款人开户行：中国银行股份有限公司江州惠山支行
金额：贰拾柒万伍仟柒佰贰拾元整　　　　小写：275720.00
业务（产品）种类：结算业务凭证　　　　凭证种类：0000000000
摘要：货款　　　　　　　　　　　　　　用途：转账
交易机构：0410000292　记账柜员：03741　交易代码：02108　　币种：人民币
产品名称：　　　　　　费用名称：　　　　　　　　　　　　　渠道：柜面
应付金额：275720.00　实付金额：275720.00　收费渠道：
　　　　　　　　　　　　　　　　　　　打印日期：2022-03-12　打印柜员：9　验证码：0A87640EF006

本回单为第一次打印，注意重复

（印章：工商银行股份有限公司 江州惠山支行 业务专用章 85D*BCEF0014）

17-7

付 款 申 请 单

2022 年 03 月 12 日 填

申请部门：采购部

收款单位	江州市富阳贸易有限公司	付款原因	
银行账号	1103011998700045		付
开 户 行	中国工商银行江州市玉山支行		货款
付款方式	转账		
付款截止日			
人民币（大写）	⊗佰⊗拾⊗万肆仟捌佰肆拾壹元零角零分	大写 ¥ 48,841.00	

领导审批：李昂　　　财务主管：王晓琳　　　部门主管：王峰　　　经办人：林初清

票据簿

I7-B

ICBC 中国工商银行

业务回单（付款）

日期：2022 年 03 月 12 日　　　　　　　　回单编号：3548970125

付款人户名：江东东方泵业有限公司
付款人账号（卡号）：1103013008900002188　　付款人开户行：工商银行江州惠山支行
收款人户名：江州市富阳贸易有限公司
收款人账号（卡号）：1103011998700045　　收款人开户行：中国工商银行江州市玉山支行
金额：肆仟捌佰肆拾壹元整　　凭证种类：0000000000　　小写：4841.00
业务（产品）种类：结算业务凭证　　用途：转账　　凭证号码：00000000000000000
摘要：货款
交易机构：0410000292　　记账柜员：03741　　交易代码：02108　　币种：人民币
产品名称：　　　　费用名称：　　　　　　　收费渠道：　　　　　渠道：柜面
应付金额：4841.00　　实付金额：4841.00　　打印日期：2022-03-12　　打印柜员：9

本回单为第一次打印，注意重复　　　　　　　　　　　　　　　　　验证码：0A87640EF006

票据簿

中国工商银行 ICBC

中国工商银行电子缴税款凭证

凭　证

NO 57890123

凭证号码：20220313891215678

缴税日期：2022年03月13日

纳税人全称及纳税人识别号：	江东万泵业有限公司 91320356850881089N		
付款人全称：	江东万泵业有限公司	征收机关名称：	江州市国家税务局惠山分局
付款人账号：	1103013008900002188	收款国库（银行）名称：	国家金库江州市惠山支库
付款人开户银行：	工商银行江州惠山支行	缴款书交易流水号：	WX0000057890
小写（合计）金额：	￥8725.31	税票号码：	WX0000057890
大写（合计）金额：	人民币捌仟柒佰贰拾伍元叁角壹分		
税（费）种名称：		所属日期	实缴金额
增值税		20220201-20220228	￥8725.31

打印时间：2022-03-13　作付款回单（无银行收讫章无效）

第1次打印　　　　　　复核：0568　　记账：0519

（工商银行股份有限公司 江州惠山支行 2022-03-13）

85DPBCEF0014

1B-1

（1405公分×21公分）第二联

票据簿

19-1

ICBC ⑤ 中国工商银行

中国工商银行电子缴税付款凭证

凭 证

NO 24893457

缴税日期:2022年03月13日　　　　　　　凭证号码:2022031307932671

| 纳税人全称及纳税人识别号:江东东方泵业有限公司 91320356850881089N |
| 付款人全称:江东东方泵业有限公司 |
| 付款人账号:11030130089002188　　　　征收机关名称:江州市国家税务局惠山分局 |
| 付款人开户银行:工商银行江州惠山支行　　　收款国库(银行)名称:国家金库江州市惠山支库 |
| 小写(合计)金额:￥1047.04　　　　　　　缴款书交易流水号:WX000000080156 |
| 大写(合计)金额:人民币壹仟零肆拾柒元零肆分　税票号码:WX000080156 |

税(费)种名称	所属日期	实缴金额
城市维护建设税	20220201-20220228	￥610.77
教育费附加	20220201-20220228	￥261.76
地方教育费附加	20220201-20220228	￥174.51

打印时间:2022-03-13　　复核:0568　　记账:0519

(工商银行股份有限公司 江州惠山支行 业务专用章 2022-03-13 SDPRCEB0014)

第1次打印

(1405公分×21公分)第二联 作付款回单(无银行收讫章无效)

票据簿

中国工商银行 ICBC

中国工商银行电子缴税付款凭证

凭证 NO 54731561

缴税日期：2022年03月13日 凭证号码：20220313048950I2

纳税人全称及纳税人识别号：江东东方泵业有限公司 91320356850881089N	
付款人全称：江东东方泵业有限公司	征收机关名称：江州市国家税务局惠山分局
付款人账号：110301300890002188	收款国库（银行）名称：国家金库江州市惠山支库
付款人开户银行：工商银行江州惠山支行	缴款书交易流水号：WX0000048920
小写（合计）金额：￥328.50	税票号码：WX0000048920
大写（合计）金额：人民币叁佰贰拾捌元伍角整	实缴金额 ￥328.50
税（费）种名称： 印花税	所属日期 20220201-20220228

打印时间：2022-03-13 08:14:014 复核：0568 记账：0519

（加盖：中国工商银行股份有限公司 江州惠山支行 业务专用章 2022-03-13）

第1次打印

（1405公分×21公分）第二联 作付款回单（无银行收讫章无效）

票据簿

21-1 工资发放明细表

所属期间：2022年02月

单位：元

部门	职位	姓名	基本工资	满勤奖	加班	应发工资	应扣个人缴纳保险 养老保险 8%	医疗保险 2%	失业保险 0.5%	住房公积金 8%	合计	税前合计	专项附加扣除	个人所得税	实发金额	签字
总经办	总经理	李宏	20,000.00	200.00		20,200.00	1,616.00	404.00	101.00	1,616.00	3,737.00	16,463.00	1,000.00	313.89	16,149.11	李宏
财务部	会计主管	王晓琳	8,500.00	200.00		8,700.00	696.00	174.00	43.50	696.00	1,609.50	7,090.50	2,500.00	0.00	7,090.50	王晓琳
	会计	朱红	6,000.00	200.00		6,200.00	496.00	124.00	31.00	496.00	1,147.00	5,053.00	0.00	1.59	5,051.41	朱红
	出纳	张燕	4,000.00	200.00		4,200.00	336.00	84.00	21.00	336.00	777.00	3,423.00	400.00	0.00	3,423.00	张燕
行政部	行政主管	朱波	8,000.00	200.00		8,200.00	656.00	164.00	41.00	656.00	1,517.00	6,683.00	500.00	35.49	6,647.51	朱波
	内勤	陈文	4,500.00	200.00		4,700.00	376.00	94.00	23.50	376.00	869.50	3,830.50	2,000.00	0.00	3,830.50	陈文
	内勤	王昌悦	4,000.00	200.00		4,200.00	336.00	84.00	21.00	336.00	777.00	3,423.00	0.00	0.00	3,423.00	王昌悦
仓库部	仓库主管	徐巳波	8,000.00	200.00		8,200.00	640.00	160.00	40.00	640.00	1,480.00	6,520.00	1,000.00	15.60	6,501.40	徐巳波
	仓资员	李元明	4,000.00	200.00	300.00	4,300.00	360.00	90.00	22.50	360.00	832.50	3,667.50	0.00	0.00	3,667.50	李元明
采购部	采购主管	王峰	12,000.00	200.00		12,200.00	976.00	244.00	61.00	976.00	2,257.00	9,943.00	1,000.00	118.29	9,824.71	王峰
	采购员	杨涛	6,500.00	200.00		6,700.00	536.00	134.00	33.50	536.00	1,239.50	5,460.50	0.00	13.82	5,446.68	杨涛
	小计		85,000.00	2,200.00	600.00	87,800.00	7,024.00	1,756.00	439.00	7,024.00	16,243.00	71,557.00	8,400.00	498.68	71,058.32	
销售部	销售主管	王倩	15,000.00	200.00		15,200.00	1,216.00	304.00	76.00	1,216.00	2,812.00	12,388.00	1,400.00	179.64	12,208.36	王倩
	销售员	李林	8,000.00	200.00		8,200.00	656.00	164.00	41.00	656.00	1,517.00	6,683.00	2,000.00	0.00	6,683.00	李林
	销售员	王凯	6,000.00	200.00		6,200.00	496.00	124.00	31.00	496.00	1,147.00	5,053.00	0.00	1.59	5,051.41	王凯
	小计		29,000.00	600.00	0.00	29,600.00	2,368.00	592.00	148.00	2,368.00	5,476.00	24,124.00	3,400.00	181.23	23,942.77	
生产车间	车间管理人员	李玉林	16,000.00	200.00	500.00	16,700.00	1,336.00	334.00	83.50	1,336.00	3,089.50	13,610.50	0.00	258.32	13,352.18	李玉林
	小计		16,000.00	200.00	500.00	16,700.00	1,336.00	334.00	83.50	1,336.00	3,089.50	13,610.50	0.00	258.32	13,352.18	
	生产 NB-10 水泵工人	马阳	5,500.00	200.00	600.00	6,300.00	504.00	126.00	31.50	504.00	1,165.50	5,134.50	0.00	4.04	5,130.46	马阳
		张林	5,300.00	200.00	300.00	5,800.00	480.00	120.00	30.00	480.00	1,110.00	4,890.00	0.00	0.00	4,890.00	张林
		蒙兰	5,500.00	200.00	600.00	6,300.00	461.00	116.00	29.00	461.00	1,073.00	4,727.00	0.00	0.00	4,727.00	蒙兰
		徐俊	5,500.00	200.00		5,700.00	456.00	114.00	28.50	456.00	1,054.50	4,645.50	0.00	0.00	4,645.50	徐俊
	小计		21,300.00	800.00	1,700.00	23,800.00	1,904.00	476.00	119.00	1,904.00	4,403.00	19,397.00	0.00	4.04	19,392.96	
	生产 NB-15 水泵工人	徐伟	5,400.00	200.00	100.00	5,600.00	448.00	112.00	28.00	448.00	1,036.00	4,564.00	0.00	0.00	4,564.00	徐伟
		张卫平	5,200.00	200.00		5,400.00	432.00	108.00	27.00	432.00	999.00	4,401.00	0.00	0.00	4,401.00	张卫平
		徐云锋	5,500.00	200.00	700.00	6,400.00	512.00	128.00	32.00	512.00	1,184.00	5,216.00	0.00	6.48	5,209.52	徐云锋
		高一宝	5,200.00	200.00	600.00	6,000.00	480.00	120.00	30.00	480.00	1,110.00	4,890.00	0.00	0.00	4,890.00	高一宝
		陆飞	4,800.00	200.00	300.00	5,300.00	440.00	110.00	27.50	440.00	1,017.50	4,282.50	0.00	0.00	4,482.50	陆飞
	小计		26,000.00	1,000.00	1,900.00	28,900.00	2,312.00	578.00	144.50	2,312.00	5,346.50	23,553.50	0.00	6.48	23,547.02	
	车间小计		63,300.00	2,000.00	4,100.00	69,400.00	5,552.00	1,388.00	347.00	5,552.00	12,839.00	56,561.00	0.00	268.84	56,292.16	
合计			177,300.00	4,800.00	4,700.00	186,800.00	14,944.00	3,736.00	934.00	14,944.00	34,558.00	152,242.00	11,800.00	948.75	151,293.25	

票据簿

21-2

ICBC 中国工商银行　业务回单（付款）

日期：2022 年 03 月 15 日　　　　回单编号：1986174658

付款人户名：江东东方泵业有限公司
付款人账号（卡号）：1103013008900002188　付款人开户行：工商银行江州惠山支行
收款人户名：江东东方泵业有限公司
收款人账号（卡号）：　　　　　　　　　　收款人开户行：
金额：壹拾伍万壹仟贰佰玖拾叁元贰角伍分　小写：151293.25
业务（产品）种类：结算业务凭证　　凭证种类：000000000　凭证号码：00000000000000000
摘要：代发工资　　　　　　　　　　用途：转账　　　　　　币种：人民币
交易机构：0410000292　　记账柜员：03741　交易代码：02108　渠道：柜面
产品名称：　　　　　　　费用名称：
应付金额：151293.25　　实付金额：151293.25　收费渠道：
　　　　　　　　　　　　打印日期：2022-03-15　打印柜员：9　验证码：0A87640EF006

本回单为第一次打印，注意重复

（工商银行股份有限公司 江州惠山支行 业务专用章）

票据簿

22-1

ICBC 中国工商银行

中国工商银行电子缴税付款凭证 凭 证

NO 04893157

凭证号码:2022031501597359

缴税日期:2022年03月15日

纳税人全称及纳税人识别号:江东东方泵业有限公司 91320356850881089N
付款人全称:江东东方泵业有限公司
付款人账号:1103013008900002188
付款人开户银行:工商银行江州惠山支行
小写（合计）金额:￥951.22
大写（合计）金额:人民币玖佰伍拾壹元贰角贰分
税（费）种名称：
个人所得税

征收机关名称:江州市国家税务局惠山分局
收款国库（银行）名称:国家金库江州市惠山支库
缴款书交易流水号: WX00000054892
税票号码: WX00000054892

所属日期
20220201-20220228

实缴金额
￥951.22

（盖章：工商银行股份有限公司 江州惠山支行 2022-03）
8SDPBCFP014

打印时间:2022-03

复核:0568　记账:0519

第 1 次打印

（1405公分×21公分）第二联 作付款回单（无银行收讫章无效）

票据簿

己-1

江州市社会保险费征缴通知单

NO: 29355358

参保单位编号: 360123　　缴费期: 202203　　保费所属期: 202202　　单位: 元

参保单位名称:	江东东方泵业有限公司		缴拨方式:		
应申报工资缴费	186,800.00		缴费人数	24	
缴费项目	缴费基数	单位缴纳	缴纳项目	单位缴纳	个人缴纳
基本养老保险费	186,800.00	29,888.00	失业保险费	934.00	934.00
基本医疗保险费	14,944.00	13,076.00	工伤保险费	653.80	—
补充医疗保险费	3,736.00	1,027.40	生育保险费	1,494.40	—
公务员医疗补助	—	—			
征缴额:	⑧陆万陆仟陆佰捌拾柒元陆角整		合计:	¥66,687.60	

经办人: 王 波　　经办时间: 2022-03-15　　打印人: 杜飞

备注: 此单据有效期一个月, 过期作废。

社会保险基金管理中心

票据簿

23-2

中国工商银行

中国工商银行电子缴税付款凭证

凭 证 NO 57801259

缴税日期：2022年03月15日   凭证号码：20220315731948355

纳税人全称及纳税人识别号：江东东方泵业有限公司 91320356850881089N	征收机关名称：江州市国家税务局惠山分局
付款人全称：江东东方泵业有限公司	
付款人账号：1103013008900021888	收款国库（银行）名称：国家金库江州市惠山支库
付款人开户银行：工商银行江州惠山支行 金额：¥66687.60	缴款书交易流水号：WX0000089015
小写（合计）金额：¥66687.60	税票号码：WX0000089015
大写（合计）金额：人民币陆万陆仟陆佰捌拾柒元陆角	

税（费）种名称	所属日期	实缴金额
养老保险费	20220201-20220228	¥44832.00
医疗保险费	20220201-20220228	¥17839.40
失业保险费	20220201-20220228	¥1868.00
工伤保险费	20220201-20220228	¥653.80
生育保险费	20220201-20220228	¥1494.40

打印时间：2022-03-15   复核：0568   记账：0519

第1次打印

（140.5公分×21公分）第二联 作付款回单（无银行收讫章无效）

票据簿

23-3 社会保险费计算表

所属期间：2022年02月   单位：元

部门	职位	姓名	工资合计	养老保险 16%	基本医疗保险 7%	补充医疗保险 0.55%	失业保险 0.5%	工伤保险 0.35%	生育保险 0.8%	小计	养老保险 8%	医疗保险 2%	失业保险 0.5%	小计	养老保险	医疗保险	失业保险	工伤保险	生育保险	合计
总经办	总经理	李宏	20,200.00	3,232.00	1,414.00	111.10	101.00	70.70	161.60	5,090.40	1,616.00	404.00	101.00	2,121.00	4,848.00	1,929.10	202.00	70.70	161.60	7,211.40
财务部	会计主管	王晓琳	8,700.00	1,392.00	609.00	47.85	43.50	30.45	69.60	2,192.40	696.00	174.00	43.50	913.50	2,088.00	830.85	87.00	30.45	69.60	3,105.90
财务部	会计	朱红	6,200.00	992.00	434.00	34.10	31.00	21.70	49.60	1,562.40	496.00	124.00	31.00	651.00	1,488.00	592.10	62.00	21.70	49.60	2,213.10
财务部	出纳	温雁	4,200.00	672.00	294.00	23.10	21.00	14.70	33.60	1,058.40	336.00	84.00	21.00	441.00	1,008.00	401.10	42.00	14.70	33.60	1,499.40
行政部	行政主管	朱波	8,200.00	1,312.00	574.00	45.10	41.00	28.70	65.60	2,066.40	656.00	164.00	41.00	861.00	1,968.00	783.10	82.00	28.70	65.60	2,927.40
行政部	内勤	陈文	4,700.00	752.00	329.00	25.85	23.50	16.45	37.60	1,184.40	376.00	94.00	23.50	493.50	1,128.00	448.85	47.00	16.45	37.60	1,677.90
行政部	内勤	王昌炽	4,200.00	672.00	294.00	23.10	21.00	14.70	33.60	1,058.40	336.00	84.00	21.00	441.00	1,008.00	401.10	42.00	14.70	33.60	1,499.40
仓库部	仓库主管	徐昌波	8,000.00	1,280.00	560.00	44.00	40.00	28.00	64.00	2,016.00	640.00	160.00	40.00	840.00	1,920.00	764.00	80.00	28.00	64.00	2,856.00
仓库部	仓库员	李元明	4,500.00	720.00	315.00	24.75	22.50	15.75	36.00	1,134.00	360.00	90.00	22.50	472.50	1,080.00	429.75	45.00	15.75	36.00	1,606.50
采购部	采购主管	王峰	12,200.00	1,952.00	854.00	67.10	61.00	42.70	97.60	3,074.40	976.00	244.00	61.00	1,281.00	2,928.00	1,165.10	122.00	42.70	97.60	4,355.40
采购部	采购员	杨涛	6,700.00	1,072.00	469.00	36.85	33.50	23.45	53.60	1,688.40	536.00	134.00	33.50	703.50	1,608.00	639.85	67.00	23.45	53.60	2,391.90
		小计	87,800.00	14,048.00	6,146.00	482.90	439.00	307.30	702.40	22,125.60	7,024.00	1,756.00	439.00	9,219.00	21,072.00	8,384.90	878.00	307.30	702.40	31,344.60
销售部	销售主管	于涛	15,200.00	2,432.00	1,064.00	83.60	76.00	53.20	121.60	3,830.40	1,216.00	304.00	76.00	1,596.00	3,648.00	1,451.60	152.00	53.20	121.60	5,426.40
销售部	销售员	李林	8,200.00	1,312.00	574.00	45.10	41.00	28.70	65.60	2,066.40	656.00	164.00	41.00	861.00	1,968.00	783.10	82.00	28.70	65.60	2,927.40
销售部	销售员	王凯	6,200.00	992.00	434.00	34.10	31.00	21.70	49.60	1,562.40	496.00	124.00	31.00	651.00	1,488.00	592.10	62.00	21.70	49.60	2,213.40
		小计	29,600.00	4,736.00	2,072.00	162.80	148.00	103.60	236.80	7,459.20	2,368.00	592.00	148.00	3,108.00	7,104.00	2,826.80	296.00	103.60	236.80	10,567.20
生产车间	车间管理人员	李禾松	16,700.00	2,672.00	1,169.00	91.85	83.50	58.45	133.60	4,208.40	1,336.00	334.00	83.50	1,753.50	4,008.00	1,594.85	167.00	58.45	133.60	5,961.90
生产车间	车间管理人员	小计	16,700.00	2,672.00	1,169.00	91.85	83.50	58.45	133.60	4,208.40	1,336.00	334.00	83.50	1,753.50	4,008.00	1,594.85	167.00	58.45	133.60	5,961.90
生产车间	生产XB-10水泵工人	斗阳	6,300.00	1,008.00	441.00	34.65	31.50	22.05	50.40	1,587.60	504.00	126.00	31.50	661.50	1,512.00	601.65	63.00	22.05	50.40	2,249.10
生产车间	生产XB-10水泵工人	张林	5,600.00	896.00	392.00	30.80	28.00	19.60	44.80	1,411.20	448.00	112.00	28.00	588.00	1,344.00	534.80	56.00	19.60	44.80	1,999.20
生产车间	生产XB-10水泵工人	望兰	5,400.00	864.00	378.00	29.70	27.00	18.90	43.20	1,360.80	432.00	108.00	27.00	567.00	1,296.00	515.70	54.00	18.90	43.20	2,142.00
生产车间	生产XB-10水泵工人	孜孜	6,400.00	1,024.00	448.00	35.20	32.00	22.40	51.20	1,612.80	512.00	128.00	32.00	672.00	1,536.00	611.20	64.00	22.40	51.20	2,284.80
		小计	23,800.00	3,808.00	1,666.00	130.90	119.00	83.30	190.40	5,997.60	1,904.00	476.00	119.00	2,499.00	5,712.00	2,272.90	238.00	83.30	190.40	8,496.60
生产车间	生产XB-15水泵工人	郭卫平	5,400.00	864.00	378.00	29.70	27.00	18.90	43.20	1,360.80	432.00	108.00	27.00	567.00	1,296.00	515.70	54.00	18.90	43.20	2,070.60
生产车间	生产XB-15水泵工人	郝云桦	6,400.00	1,024.00	448.00	35.20	32.00	22.40	51.20	1,612.80	512.00	128.00	32.00	672.00	1,536.00	611.20	64.00	22.40	51.20	2,284.80
生产车间	生产XB-15水泵工人	周一鸣	6,000.00	960.00	420.00	33.00	30.00	21.00	48.00	1,512.00	480.00	120.00	30.00	630.00	1,440.00	573.00	60.00	21.00	48.00	2,142.00
生产车间	生产XB-15水泵工人	陆飞	5,500.00	880.00	385.00	30.25	27.50	19.25	44.00	1,386.00	440.00	110.00	27.50	577.50	1,320.00	525.25	55.00	19.25	44.00	1,963.50
		小计	28,300.00	4,624.00	2,023.00	158.95	144.50	101.15	231.20	7,282.80	2,312.00	578.00	144.50	3,034.50	6,936.00	2,759.95	289.00	101.15	231.20	10,317.30
		生产车间合计	69,400.00	11,104.00	4,858.00	381.70	347.00	242.90	555.20	17,488.80	5,552.00	1,388.00	347.00	7,287.00	16,656.00	6,627.70	694.00	242.90	555.20	24,775.80
		合计	186,800.00	29,888.00	13,076.00	1,027.40	934.00	653.80	1,494.40	47,073.60	14,944.00	3,736.00	934.00	19,614.00	44,832.00	17,839.40	1,868.00	653.80	1,494.40	66,687.60

票据簿

24-1

江州市住房公积金汇缴书

单位名称	江东东方泵业有限公司			汇缴年月	202203							
单位代码	165539			汇缴人数	24							
汇缴金额（大写）	人民币 贰万玖仟捌佰捌拾捌元整				亿	千	百	十	万	千	百	十	元	角	分
									￥	2	9	8	8	8	0	0
附报资料	项目	人数	金额	单位	职工		中心盖章					
	上月汇缴	24	29,888.00	14,944.00	14,944.00							
	本月增加											
	本月减少											
	技术调整											
	本月汇缴	24	29,888.00	14,944.00	14,944.00							

住房公积金管理中心制

票据簿

24-2

ICBC 🏦 中国工商银行　业务回单（付款）

日期：2022 年 03 月 15 日　　回单编号：5970156725

付款人户名：江东东方泵业有限公司
付款人账号（卡号）：1103013008900002188　　付款人开户行：工商银行江州惠山支行
收款人户名：江州市住房公积金管理中心
收款人账号（卡号）：6350010400011372　　收款人开户行：中国农业银行江州新区支行
金额：贰万玖仟捌佰捌拾捌元整　　小写：29888.00
业务（产品）种类：结算业务凭证　　凭证种类：0000000000　　凭证号码：00000000000000000
摘要：住房公积金　　用途：转账　　币种：人民币
交易机构：0410000292　　记账柜员：03741　　交易代码：02108　　渠道：柜面
产品名称：　　费用名称：
应付金额：29888.00　　实付金额：29888.00　　收费渠道：

打印日期：2022-03-15　　打印柜员：9　　验证码：0A87640EF006

本回单为第一次打印，注意重复

（中国工商银行股份有限公司　江州惠山支行　业务专用章　65CFBCEF0014）

票据簿

24-3 公积金明细表

所属期间：2022年02月
单位：元

部门	职位	姓名	基本工资	单位缴纳住房公积金	个人缴纳住房公积金	合计
总经办	总经理	李宏	20,200.00	1,616.00	1,616.00	3,232.00
财务部	会计主管	王晓琳	8,700.00	696.00	696.00	1,392.00
	会计	朱红	6,200.00	496.00	496.00	992.00
	出纳	张燕	4,200.00	336.00	336.00	672.00
行政部	行政主管	朱波	8,200.00	656.00	656.00	1,312.00
	内勤	陈文	4,700.00	376.00	376.00	752.00
	内勤	王昌强	4,200.00	336.00	336.00	672.00
仓库部	仓库主管	徐旦波	8,000.00	640.00	640.00	1,280.00
	仓管员	李元明	4,500.00	360.00	360.00	720.00
采购部	采购主管	王峰	12,200.00	976.00	976.00	1,952.00
	采购员	杨涛	6,700.00	536.00	536.00	1,072.00
		小计	87,800.00	7,024.00	7,024.00	14,048.00
销售部	销售主管	王倩	15,200.00	1,216.00	1,216.00	2,432.00
	销售员	李林	8,200.00	656.00	656.00	1,312.00
	销售员	王凯	6,200.00	496.00	496.00	992.00
		小计	29,600.00	2,368.00	2,368.00	4,736.00
生产车间	车间管理人员	李玉松	16,700.00	1,336.00	1,336.00	2,672.00
		小计	16,700.00	1,336.00	1,336.00	2,672.00
	生产NB-10水泵工人	马阳	6,300.00	504.00	504.00	1,008.00
		张林	6,000.00	480.00	480.00	960.00
		蒙兰	5,800.00	464.00	464.00	928.00
		徐俊	5,700.00	456.00	456.00	912.00
		小计	23,800.00	1,904.00	1,904.00	3,808.00
	生产NB-15水泵工人	徐伟	5,600.00	448.00	448.00	896.00
		张卫平	5,400.00	432.00	432.00	864.00
		蔡云烨	6,400.00	512.00	512.00	1,024.00
		高一雯	6,000.00	480.00	480.00	960.00
		陆飞	5,500.00	440.00	440.00	880.00
		小计	28,900.00	2,312.00	2,312.00	4,624.00
	生产车间合计		69,400.00	5,552.00	5,552.00	11,104.00
	合计		186,800.00	14,944.00	14,944.00	29,888.00

票据簿

25-1

付 款 申 请 单

2022 年 03 月 16 日 填

申请部门：行政部

收款单位	江州秋阳一律师事务所	付款原因	法律顾问费
银行账号	32001618636052504724		
开户行	建行江州分行营业部		
付款方式	转账		
付款截止日			
人民币（大写）	⊗佰⊗拾壹万伍仟零佰零拾零元零角零分	¥ 15000.00	

领导审批：李安　　财务主管：王晓琳　　部门主管：朱玻　　经办人：陈文

票据簿

江东增值税专用发票

No 86575372

3200193130
86575372

开票日期：2022年03月16日

购买方	名　称：江东东方泵业有限公司
	纳税人识别号：91320356850881089N
	地　址、电　话：江州市惠山经济开发区中惠大道366号 086-83620019
	开户行及账号：工商银行江州惠山支行 11030130089002188

密码区：
->-/6/6+*4<62>08747*-416791
25+/31-010570+9*-4503*-<640
*79*1085/<904+39095-859+3*8
2513-9>0-2908<0<<5+15-+3<7+

货物或应税劳务、服务名称	规格型号	单位	数量	单价	金额	税率	税额
*鉴证咨询服务*法律顾问费			1	14150.94	14150.94	6%	849.06
合　计					¥14150.94		¥849.06

价税合计（大写）　⊗ 壹万伍仟圆整　（小写）¥15000.00

销售方	名　称：江州秋阴一律师事务所
	纳税人识别号：913202007827370733
	地　址、电　话：江州市新区隐秀路800号 086-82815090
	开户行及账号：建行江州分行营业部 32001618636052504724

备注：

收款人：朴雨清　　复核：陈海琳　　开票人：田宏丽　　销售方：（章）

税总函〔2022〕555号 **造币有限公司

票据簿

江东增值税专用发票

25-3 3200193130

No 86575372

3200193130
86575372

开票日期：2022年03月16日

购买方	名　称：江东东方泵业有限公司
	纳税人识别号：913203568508810189N
	地　址、电　话：江州市惠山经济开发区中惠大道366号 086-83620019
	开户行及账号：工商银行江州惠山支行 1103013008900002188

密码区：
->-/6/6+*4<62>08747*-416791
25+/31-010570+9*-4503*-<640
*79*1085/<904+39095-859+3*8
2513-9>0-2908<0><5+15-+3<7+

货物或应税劳务、服务名称	规格型号	单位	数量	单价	金额	税率	税额
*鉴证咨询服务*法律顾问费			1	14150.94	14150.94	6%	849.06
合　计					¥14150.94		¥849.06

价税合计（大写）　⊗ 壹万伍仟圆整　　（小写）¥15000.00

销售方	名　称：江州秋阳一律师事务所
	纳税人识别号：91320200782737073
	地　址、电　话：江州市新区隐秀路800号 086-82815090
	开户行及账号：建行江州分行营业部 320016183605250472

备注：
税总函〔2022〕555号**造币有限公司

收款人：杜雨清　　复核：陈沥琳　　开票人：田宏丽

（销售方发票专用章：江州秋阳一律师事务所 91320200782737073）

票据簿

25-4

ICBC 中国工商银行 业务回单（付款）

日期：2022 年 03 月 16 日　　　　回单编号：2789315476

付款人户名：江东东方泵业有限公司
付款人账号（卡号）：1103013008900002188　　付款人开户行：工商银行江州惠山支行
收款人户名：江州秋阳一律师事务所
收款人账号（卡号）：32001618636052504724　　收款人开户行：建行江州分行营业部
金额：壹万伍仟元整　　　　　　　　　　　　　　小写：15000.00
业务（产品）种类：结算业务凭证　　凭证种类：000000000　　凭证号码：0000000000000000
摘要：法律顾问费　　　　　　　　　　用途：转账　　　　　币种：人民币
交易机构：0410000292　　记账柜员：03741　　交易代码：02108　　渠道：柜面
产品名称：　　　　　　　　　　费用名称：
应付金额：15000.00　　　　　实付金额：15000.00　　收费渠道：

打印日期：2022-03-16　　　　　　　　　　　　　打印柜员：9　　验证码：0A87640EF006

本回单为第一次打印，注意重复

（工商银行股份有限公司 江州惠山支行 业务专用章 65D*BCEF0014）

票据簿

26-1 付 款 申 请 单

申请部门：行政部　　　　　2022 年 03 月 16 日 填

收款单位	百度在线网络技术（上海）有限公司	付款原因	百度推广费
银行账号	215081392810001		
开户行	招商银行上海分行曹家渡支行		
付款方式	转账		
付款截止日			
人民币（大写）	ⓧ佰ⓧ拾叁万壹仟捌佰零拾零元零角零分	￥	31800.00

领导审批 李岛　　财务主管 王晓琳　　部门主管 朱波　　经办人 陈文

票据簿

江苏增值税专用发票

No 52405259

开票日期：2022年03月16日

购买方	名　称：江东东方泵业有限公司 纳税人识别号：91320356850881089N 地　址、电　话：江州市惠山经济开发区中惠大道366号 086-83620019 开户行及账号：工商银行江州惠山支行 11030130089002188	密码区	<81>6424-5>-92+-84543646+7 -27>893*40435-2+<-6*2>0>8+> 159085+/9-12-<2/<03<7<+5/3- /57>6+7*<306-</7537<2>20*1

货物或应税劳务、服务名称	规格型号	单位	数量	单价	金额	税率	税额
*信息技术服务*百度推广费			1	30000	30000.00	6%	1800.00
合　计					¥30000.00		¥1800.00

价税合计（大写）⊗ 叁万壹仟捌佰圆整　　（小写）¥31800.00

销售方	名　称：百度在线网络技术（上海）有限公司 纳税人识别号：913101147721206443B 地　址、电　话：上海嘉定区汇荣路500号 021-39005678 开户行及账号：招商银行上海分行曹家渡支行 215081392810001	备注	(发票专用章) 百度在线网络技术（上海）有限公司 913101147721206443B

收款人：李玉苗　　复核：郜佳音　　开票人：吴良仪

税总函〔2022〕666号 ＊＊造币有限公司

票据簿

江东增值税专用发票

No 52405259

3100193130
52405259

开票日期：2022年03月16日

购买方	名 称：江东东方泵业有限公司
	纳税人识别号：91320356850881089N
	地 址、电 话：江州市惠山经济开发区中惠大道366号 086-83620019
	开户行及账号：工商银行江州惠山支行 110301300890002188

货物或应税劳务、服务名称	规格型号	单位	数量	单价	金额	税率	税额
*信息技术服务*百度推广费			1	30000	30000.00	6%	1800.00
合　计					￥30000.00		￥1800.00

价税合计（大写） ⊗ 叁万壹仟捌佰圆整　　　（小写）￥31800.00

销售方	名 称：百度在线网络技术（上海）有限公司
	纳税人识别号：91310114772120643B
	地 址、电 话：上海嘉定区汇荣路500号 021-39005678
	开户行及账号：招商银行上海分行曹家渡支行 215081392810001

备注

收款人：李玉苗　　复核：郁佳蓉　　开票人：吴宣仪

税总函〔2022〕666号　＊＊造币有限公司

票据簿

26-4

ICBC 中国工商银行 业务回单（付款）

日期：2022 年 03 月 16 日　　　　　　回单编号：6574126859

付款人户名：江东东方泵业有限公司
付款人账号（卡号）：1103013008890002188　　付款人开户行：工商银行江州惠山支行
收款人户名：百度在线网络技术（上海）有限公司
收款人账号（卡号）：215081392810001　　收款人开户行：招商银行上海分行曹家渡支行

金额（产品）种类：结算业务凭证　　凭证种类：0000000000　　小写：31800.00
摘要：百度推广费　　用途：转账　　凭证号码：00000000000000000000
交易机构：0410000292　　记账柜员：03741　　交易代码：02108　　币种：人民币
产品名称：　　　　费用名称：　　　　　　　　　　　　　　　　　　渠道：柜面
应付金额：31800.00　　实付金额：31800.00　　收费渠道：　　　　打印柜员：9　　验证码：0A87640EF006

打印日期：2022-03-16

本回单为第一次打印，注意重复

票 据 簿

27-1

付 款 申 请 单

申请部门：销售部　　2022 年 03 月 18 日 填

收款单位	江州飞驰运输有限公司	付款原因	付
银行账号	735231018240006632		运输费
开 户 行	中信银行江州新区支行		
付款方式	转账		
付款截止日			
人民币（大写）	⊗佰⊗拾壹万叁仟肆佰肆拾零元零角零分	¥17440.00	

领导审批：李宏　　财务主管：赵琳　　部门主管：情　　经办人：李林

票据簿

江东增值税专用发票

32001914180　　№ 07492336

开票日期：2022年03月18日

购买方	名　称：江东东方泵业有限公司
	纳税人识别号：91320356880881089N
	地　址、电　话：江州市惠山经济开发区中惠大道366号 086-83620019
	开户行及账号：工商银行江州惠山支行 110301300890002188

密码区：
+/20>0750/9>+95912156>8+7
2>56734>*/9*>+2>8395*32>8-8
+3>59472+<<>42*+60*+96<*21
0147+6>34*29-870-17<+<-*8>0

货物或应税劳务、服务名称	规格型号	单位	数量	单价	金额	税率	税额
*运输服务*交通运输服务			1	16000.00	16000.00	9%	1440.00
合　计					￥16000.00		￥1440.00

价税合计（大写）　⊗　壹万柒仟肆佰肆拾圆整　　（小写）￥17440.00

销售方	名　称：江州飞驰运输有限公司
	纳税人识别号：913202005432677488A
	地　址、电　话：江州市长江路7号长江大厦17楼1701室 086-85214736
	开户行及账号：中信银行江州新区支行 7352310182400006632

备注：

收款人：田敏　　复核：杜斌　　开票人：刘壮

税总函〔2022〕666号 **造币有限公司

票据簿

江东增值税专用发票

27-3　3200194180

No 07492336

3200194180
07492336

开票日期：2022年03月18日

购买方	名　　称：江东东方泵业有限公司
	纳税人识别号：91320356850881089N
	地　　址、电话：江州市惠山经济开发区中惠大道366号 086-83620019
	开户行及账号：工商银行江州惠山支行 110301300890002188

密码区：
```
*+/20*>0750/9>+9591215б>8+7
2>56734>*/9*>+2>8395*32>8-8
+3>59472+<-*42*<+60*+96<*21
0147+6>34*29-870-17<+<-*8>0
```

货物或应税劳务、服务名称	规格型号	单位	数量	单价	金额	税率	税额
*运输服务*交通运输服务			1	16000.00	16000.00	9%	1440.00
合　计					¥16000.00		¥1440.00

价税合计（大写）　⊗ 壹万柒仟肆佰肆拾圆整　（小写）¥17440.00

销售方	名　　称：江州飞驰运输有限公司
	纳税人识别号：91320200543267488A
	地　　址、电话：江州市长江路7号长江大厦17楼1701室 086-85214736
	开户行及账号：中信银行江州新区支行 7352310182400006632

备注：刘佳

收款人：田敏　　复核：杜斌　　开票人：刘佳

税总函〔2022〕666号 ** 造币有限公司

票据簿

27-4

ICBC 🏦 中国工商银行　业务回单（付款）

日期：2022 年 03 月 18 日　　回单编号：2789324589

付款人户名：江东东方泵业有限公司
付款人账号（卡号）：1103013008900002188　付款人开户行：工商银行江州惠山支行
收款人户名：江州飞驰运输有限公司
收款人账号（卡号）：7352310182400006632　收款人开户行：中信银行江州新区支行
金额：壹万柒仟肆佰肆拾元整　　　　　　　　小写：17440.00
业务（产品）种类：结算业务凭证　凭证种类：0000000000　凭证号码：00000000000000000
摘要：运输费　　　　　　　　　　　用途：转账　　　　　　　　币种：人民币
交易机构：0410000292　记账柜员：03741　交易代码：02108　渠道：柜面
产品名称：
应付金额：17440.00　　实付金额：17440.00　收费渠道：　　打印柜员：9　验证码：0A87640EF006

打印日期：2022-03-18

本回单为第一次打印，注意重复

票据簿

28-1

付 款 申 请 单

申请部门：行政部　　　　　2022 年 03 月 19 日填

收款单位	江州市清泉水务有限公司	付款原因	付水费
银行账号	320016773350592237836		
开 户 行	中国银行江州人民中路支行		
付款方式	转账		
付款截止日			
人民币（大写）	⊗佰⊗拾⊗万壹仟柒佰陆拾伍元捌角零分	￥1,765.80	

领导审批：李安　　财务主管：王晓琳　　部门主管：朱斌　　经办人：陈文

票据簿

江东增值税专用发票

3200420750
No 21127893

开票日期：2022年03月19日

购买方	名称：江东东方泵业有限公司 纳税人识别号：91320356850881089N 地址、电话：江州市惠山经济开发区中惠大道366号 086-83620019 开户行及账号：工商银行江州惠山支行 110301300890002188	密码区	06*0->/4+9316+>*><6*01/*326 656436*+192>8>0+41+*94-04-< 4/4546361*95-969>5<150787 6* <394-*<+-*769+4*/4-15>/4*5<

货物或应税劳务、服务名称	规格型号	单位	数量	单价	金额	税率	税额
*水*自来水		吨	540	3	1620.00	9%	145.80
合 计					¥1620.00		¥145.80

价税合计（大写） ⊗ 壹仟柒佰陆拾伍圆捌角整 （小写）¥1765.80

销售方	名称：江州市清泉水务有限公司 纳税人识别号：91320200135902167 1 地址、电话：江州市人民中路35号 086-85213356 开户行及账号：中国银行江州人民中路支行 320016773350592378 36	备注	

收款人：李兰　　复核：王新　　开票人：张磊　　销售方：（发票专用章）

税总函〔2022〕555号**造币有限公司

票据簿

江苏增值税专用发票

发票代码: 3200420750
发票号码: 21127893
开票日期: 2022年03月19日

购买方	名　称: 江东东方泵业有限公司
	纳税人识别号: 91320356850881089N
	地　址、电　话: 江州市惠山经济开发区中惠大道366号 086-83620019
	开户行及账号: 工商银行江州惠山支行 11030130089000 2188

货物或应税劳务、服务名称	规格型号	单位	数量	单价	金额	税率	税额
*水水雪*白来水		吨	540	3	1620.00	9%	145.80
合　计					¥1620.00		¥145.80

价税合计(大写) ⊗ 壹仟柒佰陆拾伍圆捌角整　　(小写) ¥1765.80

销售方	名　称: 江州市清泉水务有限公司
	纳税人识别号: 91320200135902 1671
	地　址、电　话: 江州市人民中路35号 086-85213356
	开户行及账号: 中国银行江州人民中路支行 320016773350 59237836

备注: 张磊

收款人: 李兰　　复核: 王新　　开票人: 王新

税总函〔2022〕555号 **造币有限公司

票 据 簿

2B-4

ICBC ⑤ 中国工商银行　　　业务回单（付款）

日期：2022 年 03 月 19 日　　　回单编号：9473542596

付款人户名：江东东方泵业有限公司
付款人账号（卡号）：1103013008900002188　　付款人开户行：工商银行辽州惠山支行
收款人户名：辽州市清泉水务有限公司
收款人账号（卡号）：3200167733505923 7836　　收款人开户行：中国银行辽州人民中路支行
金额：壹仟柒佰陆拾伍元捌角整　　　　　　　　小写：1765.80
业务（产品）种类：结算业务凭证　　凭证种类：0000000000　　凭证号码：00000000000000000
摘要：转账　　　　　　　　　　　　　用途：转账　　　　　　　　　币种：人民币
交易机构：0410000292　　记账柜员：03741　　交易代码：02108　　渠道：柜面
产品名称：水费　　　　　　　　　　费用名称：　　　　　　　　　收费渠道：
应付金额：1765.80　　　　　　　　实付金额：1765.80　　　　　　打印柜员：9

　　　　　　　　　　　　　　　　　　打印日期：2022-03-19　　　验证码：0A87640EF006

本回单为第一次打印，注意重复

票据簿

28-5

用水量分配表

2022年3月

水费合计：1620.00元

使用部门	用水量（吨）	分配率	分配金额（元）
生产车间	320		
行政管理部门	160		
销售部门	60		
合计	540		

票据簿

29-1

付 款 申 请 单

申请部门：行政部　　　　2022 年 03 月 19 日填

收款单位	国网江苏省电力有限公司江州市供电分公司	付款原因	电费
银行账号	32001677335059234567		
开户行	中国建设银行江州新区支行		
付款方式	转账		
付款截止日			
人民币（大写）	⊗佰⊗拾壹万叁仟伍佰陆拾零元零角零分	¥	13,560.00

领导审批：李安　　财务主管：陈琳　　部门主管：朱骏　　经办人：陈文

票据簿

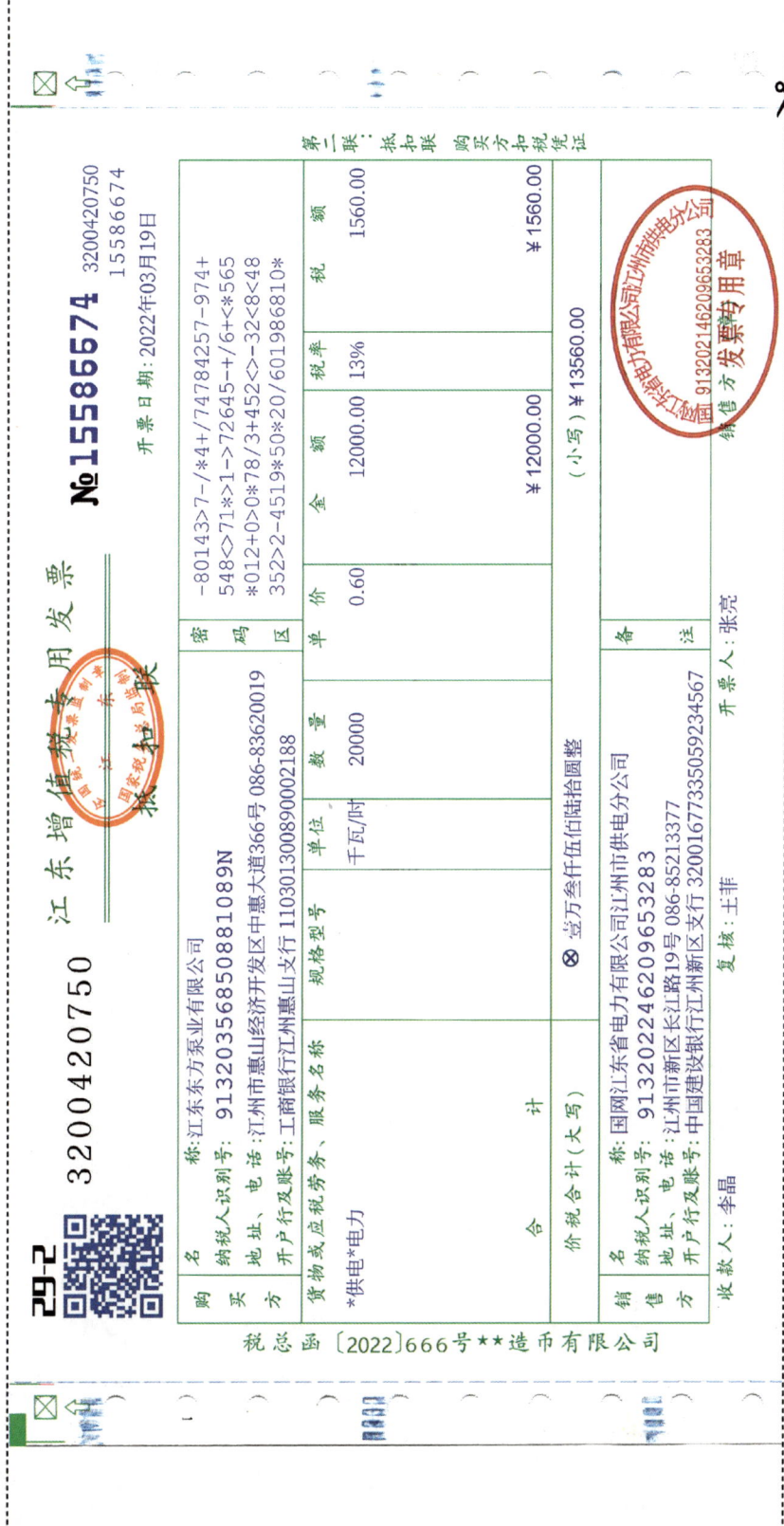

票据簿

江东增值税专用发票

29-3　3200420750　　　　　　　　　　　　　　　No 15586674

发票代码：3200420750
发票号码：15586674
开票日期：2022年03月19日

购买方	名　称：江东东方泵业有限公司
	纳税人识别号：91320356850881089N
	地　址、电　话：江州市惠山经济开发区中惠大道366号 086-83620019
	开户行及账号：工商银行江州惠山支行 11030130089000218

密码区：
-80143>7-/*4+/74784257-974+
548<>71*>1->72645-+/6+<*565
*012+0>0*78/3+452<>-32<8<48
352>2-4519*50*20/601986810*

货物或应税劳务、服务名称	规格型号	单位	数量	单价	金额	税率	税额
*供电*电力		千瓦/时	20000	0.60	12000.00	13%	1560.00
合　计					¥12000.00		¥1560.00

价税合计（大写）　⊗ 壹万叁仟伍佰陆拾圆整　　（小写）¥13560.00

销售方	名　称：国网江东省电力有限公司江州市供电分公司
	纳税人识别号：91320224620965328
	地　址、电　话：江州市新区长江路19号 086-85213377
	开户行及账号：中国建设银行江州新区支行 32001677335059234567

备注：张亮

收款人：李品　　复核：王菲　　开票人：张亮　　销售方：（章）

税总函〔2022〕666号**造币有限公司

票据簿

29-4

ICBC 🏦 中国工商银行　　业务回单（付款）

日期：2022 年 03 月 19 日　　回单编号：6172681569

付款人户名：江东东方泵业有限公司
付款人账号（卡号）：1103013008890002188　　付款人开户行：工商银行江州惠山支行
收款人户名：国网江东省电力有限公司江州市供电分公司
收款人账号（卡号）：3200167733505923 4567　　收款人开户行：中国建设银行江州新区支行
金额：壹万叁仟伍佰陆拾元整　　　　　　　　　小写：13560.00
业务（产品）种类：结算业务凭证　凭证种类：000000000　凭证号码：00000000000000000
摘要：转账　　　　　　　　　　　用途：转账　　　　　　　　　　　币种：人民币
交易机构：0410000292　记账柜员：03741　交易代码：02108　渠道：柜面
产品名称：电费　　　　　　　　费用名称：
应付金额：13560.00　　　　　　实付金额：13560.00　　收费渠道：
　　　　　　　　　　　　　　　打印日期：2022-03-19　打印柜员：9　验证码：0A87640EF006

本回单为第一次打印，注意重复

票据簿

29-5

用电量分配表

2022年3月

电费合计：12000.00元

使用部门	用电量（千瓦/时）	分配率	分配金额（元）
生产车间	12000		
行政管理部门	6000		
销售部门	2000		
合计	20000		

票据簿

30-1

付 款 申 请 单

申请部门：行政部　　　　　2022 年 03 月 22 日 填

收款单位	江州市金佳物业管理有限公司	付款原因	房租
银行账号	32001677335059234567		
开 户 行	中国建设银行江州新区支行		
付款方式	转账		
付款截止日			
人民币（大写）	ⓧ佰贰ⓧ拾贰万肆仟叁佰肆拾零元零角零分	¥	28,340.00

领导审批：李岛　　财务主管：王晓琳　　部门主管：朱叕　　经办人：陈文

票据簿

江东增值税专用发票

3D-2

3200420750
№ 76304250

3200420750
76304250

开票日期：2022年03月22日

购买方	名称：江东东方泵业有限公司
	纳税人识别号：91320356850881089N
	地址、电话：汀州市惠山经济开发区中惠大道366号 086-83620019
	开户行及账号：工商银行汀州惠山支行 110301300890002188

密码区：
686/0+>*4298/07962*/+-4520<
7>9207942*38-<-+>/6>018735>
726/2>*1962972*<68-9<>2+<1-
9/<01+>4<0438*907-82-02>8/6

货物或应税劳务、服务名称	规格型号	单位	数量	单价	金额	税率	税额
*经营租赁*房租			1	26000.00	26000.00	9%	2340.00
合　计					￥26000.00		￥2340.00

价税合计（大写）　⊗ 贰万捌仟叁佰肆拾圆整　（小写）￥28340.00

销售方	名称：江州市金佳物业管理有限公司
	纳税人识别号：913202246623737 25A
	地址、电话：江州新区长江路19号 086-85213377
	开户行及账号：中国建设银行江州新区支行 32001677335059234567

备注

第二联：抵扣联 购买方抵扣凭证

收款人：陈文清　复核：甘青　开票人：王菊帅

（销售方发票专用章：江州市金佳物业管理有限公司 91320214662373725A）

税总函〔2022〕555号 **造币有限公司

票据簿

江东增值税专用发票

发票代码：3200420750
发票号码：76304250

开票日期：2022年03月22日

购买方	名称：江东东方泵业有限公司
	纳税人识别号：91320356850881089N
	地址、电话：江州市惠山经济开发区中惠大道366号 086-83620019
	开户行及账号：工商银行江州惠山支行 1103013008900002188

密码区：
686/0+>*4298/07962*/+-4520<
7>9207942*38-<-+>/6>018735>
726/2>*1962972*<68-9<>2+<1-
9/<01+>4<0438*907-82-02>8/6

货物或应税劳务、服务名称	规格型号	单位	数量	单价	金额	税率	税额
*经营租赁*房租			1	26000.00	26000.00	9%	2340.00
合计					¥26000.00		¥2340.00

价税合计（大写）：⊗ 贰万捌仟叁佰肆拾圆整　　（小写）¥28340.00

销售方	名称：江州市金佳物业管理有限公司
	纳税人识别号：91320224662373725A
	地址、电话：江州新区长江路19号 086-85213377
	开户行及账号：中国建设银行江州新区支行 32001677335059234567

收款人：陈文清　　复核：甘倩　　开票人：王菊帅

销售方发票专用章 91320214662373725A 金佳物业管理有限公司

税总函[2022]555号 **造币有限公司

票据簿

3D-4

ICBC 中国工商银行
业务回单（付款）

日期：2022 年 03 月 22 日　　　　回单编号：2479640159

付款人户名：江东东方泵业有限公司
付款人账号（卡号）：1103013008900002188　　付款人开户行：工商银行江州惠山支行
收款人户名：江州市金佳物业管理有限公司
收款人账号（卡号）：3200167733505923 4567　　收款人开户行：中国建设银行江州新区支行
金额：贰万捌仟叁佰肆拾元整　　　　　　　　　小写：28340.00
摘要：结算业务凭证　　凭证种类：0000000000　　凭证号码：00000000000000000
业务（产品）种类：结算业务凭证　　用途：转账　　币种：人民币
交易机构：0410000292　　记账柜员：03741　　交易代码：02108　　渠道：柜面
产品名称：房租　　费用名称：
应付金额：28340.00　　实付金额：28340.00　　打印日期：2022-03-22　　打印柜员：9　　验证码：0A87640EF006

本回单为第一次打印，注意重复

（工商银行股份有限公司 江州惠山支行 业务专用章 85DFBCEF0014）

票据簿

3D-5

租金分配表

租金合计：26000.00元　　　　　2022年3月

使用部门	租金金额	分配比例	分配金额（元）
生产车间	26000.00	60%	
行政管理部门	26000.00	30%	
销售部门	26000.00	10%	
合计		100%	

票据簿

31-1

差旅费报销单

报销部门：销售部　　　　　　　　2022 年 03 月 25 日填

单据及附件共 3 张

姓名	王倩		职别			拜访客户

出差起止日期：自 2022 年 03 月 22 日起至 2022 年 03 月 24 日止　共 3 天

日期		起讫地点	交通费	住宿费	餐费	出差补助	其他	小计
月	日							
03	22	江州—武汉	1200.00					1200.00
03	24	武汉—江州	1200.00	1080.00	170.00			2450.00
		合　计	2400.00	1080.00	170.00			3650.00

人民币（大写）◯万叁仟陆佰伍拾零元零角零分　原借款：3000.00 元　退/补：650.00 元

领导审批：李明　　部门主管：王倩　　财务主管：王晓琳　　会计：朱红　　出纳：张燕　　领款人：王倩

现金付讫

湖北增值税普通发票

发票号码：4200193032
№ 11950586
开票日期：2022年03月24日
校验码：63366 69603 62106 39935

购买方	名称：江东东方泵业有限公司
	纳税人识别号：91320356850881089N
	地址、电话：江州市惠山经济开发区中惠大道366号 086-83620019
	开户行及账号：工商银行江州惠川支行 110301300890002188

密码区：
35192-*2+07+8/+<45<615+42/>0
5>+46146+04>5+-42+-86<3+-<*5
<51+>96*1>86>123<5>/>0/31**+
58/170418056-635+5/0+>79>05/

货物或应税劳务、服务名称	规格型号	单位	数量	单价	金额	税率	税额
*餐饮服务*餐饮费			2	82.525	165.05	3%	4.95
合计					¥165.05		¥4.95

价税合计（大写）⊗ 壹佰柒拾圆整 （小写）¥170.00

销售方	名称：武汉新世界酒店
	纳税人识别号：91340200676745389D
	地址、电话：武汉市解放大道98号 027-82244888
	开户行及账号：中国银行武汉解放路支行 45888192758

收款人：苏玲　　复核：陈晨　　开票人：李琳

销售方发票专用章：武汉新世界酒店 91340200676745389D

税总函[2022]111号 ** 造币有限公司

票据簿

湖北增值税专用发票

发票代码：4200193032
发票号码：82346625
开票日期：2022年03月24日
校验码：6*<82815958049+3-*417/+73*> 2347948<-+7962>40-7<4+<702/ 7>2/16*790/0>1<6143-47>-5>5 8+501<13-54/129+10<43<3>902

购买方	名　称：江东东方泵业有限公司 纳税人识别号：91320356850881089N 地　址、电　话：汀州市惠山经济开发区中惠大道366号 086-83620019 开户行及账号：工商银行汀州惠山支行 11030130089002188

货物或应税劳务、服务名称	规格型号	单位	数量	单价	金额	税率	税额
*住宿服务*住宿费			2	524.27	1048.54	3%	31.46
合　计					¥1048.54		¥31.46

价税合计（大写）　⊗ 壹仟零捌拾圆整　　（小写）¥1080.00

销售方	名　称：武汉新世界酒店 纳税人识别号：91340200676745389D 地　址、电　话：武汉市解放大道98号 027-82244888 开户行及账号：中国银行武汉解放路支行 45888819275

备注：

收款人：苏玲　　复核：陈晨　　开票人：李琳

销售方发票专用章：91340200676745389D 新世界酒店

票据簿

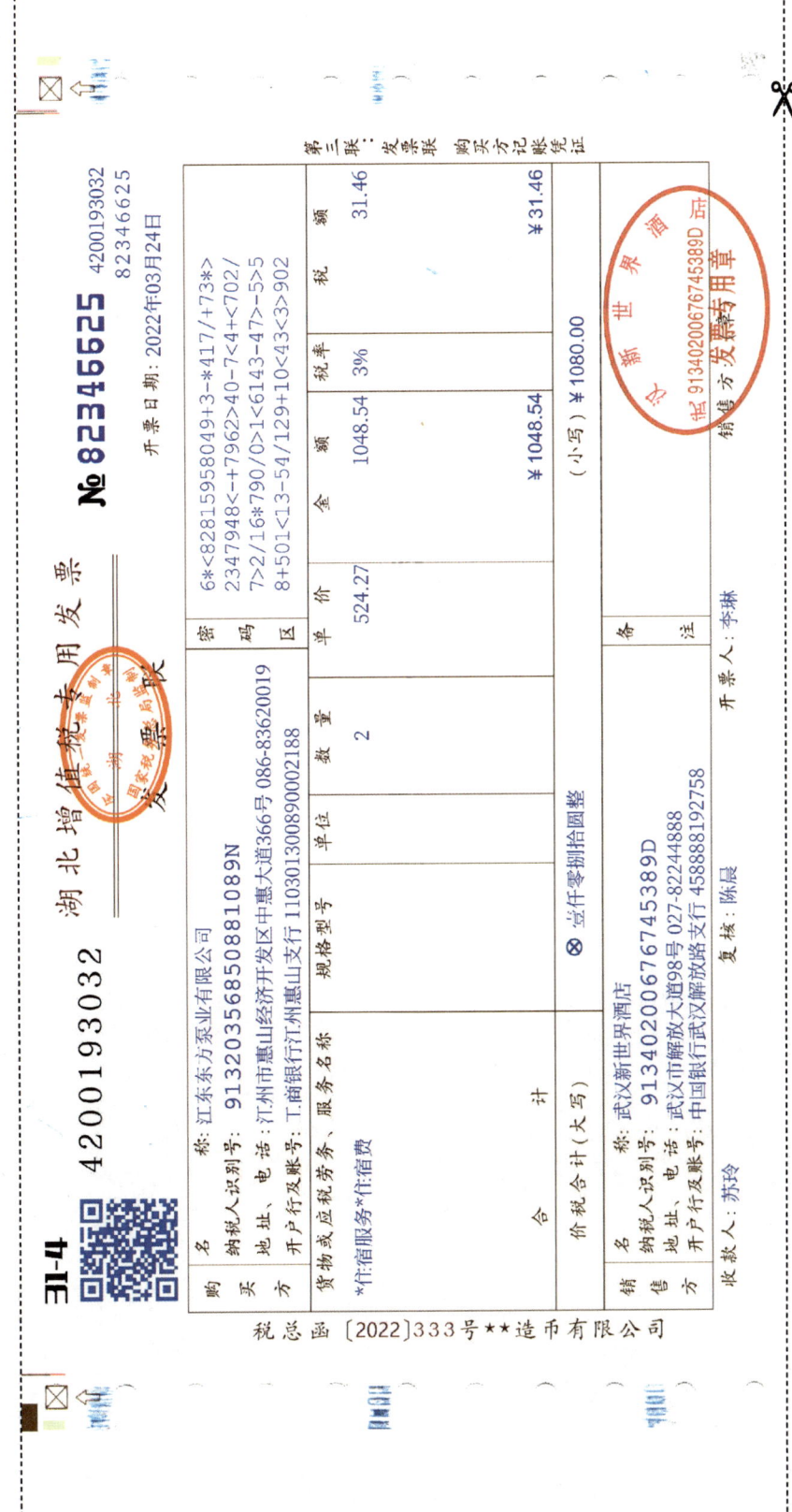

票据簿

引-5

航空运输电子客票行程单
ITINERARY/RECEIPT OF E-TICKET FOR AIR TRANSPORT

印刷序号 SERIAL NUMBER：

旅客姓名 NAME OF PASSENGER	有效身份证件号码 ID.NO.					签注 ENDORSEMENT/RESTRICTIONS(CABRON)	
王倩	32010819861025 4527					不得签转	

承运人 CARRIER	航班号 FLIGHT	座位等级 CLASS	日期 DATE	时间 TIME	客票级别/客票类别 FARE BASIS	不得签转 NOTVALIDBEFORE	NOTVALIDAFTER	免费行李 ALLOW
MF	8460	M	22Mar	1405	Y70.0			20K
	VOID							

票价 FARE	民航发展基金	燃油附加费 FUEL SURCHARGE	其他税费 OTHER TAXES	合计 TOTAL
CNY 1150.00	CNY 50.00	CNY 0.00	CNY	CNY 1200.00

验证信息 CKI INFORMATION

电子客票号码 E-TICKET NO.	7312324417620	填开单位 ISSUED BY	温州华信航空服务公司	保险费 INSURANCE	XXX
销售单位代号 AGENT CODE	XMN021 08673102			填开日期 DATE OF ISSUE	2022-03-22

自FROM 江州 JIZ
至TO 武汉 WUH
至TO VOID
至TO

验真网址：WWW.TRAVELSKY.COM 服务热线:400-815-8888 短信验真:发送JP至106699018

请旅客乘机前认真阅读（旅客须知）及未来运人的运输总条件内容

票据簿

31-6 航空运输电子客票行程单
ITINERARY/RECEIPT OF E-TICKET FOR AIR TRANSPORT

印刷序号: SERIAL NUMBER

旅客姓名 NAME OF PASSENGER	有效身份证件号码 ID.NO.			签注 ENDORSEMENT/RESTRICTIONS(CABRON)		
王倩	32010819861025 4527			不得签转		
承运人 CARRIER	航班号 FLIGHT	座位等级 CLASS	日期 DATE	时间 TIME	客票级别/客票类别 FARE BASIS	免费行李 ALLOW
MF	8560	M	24Mar	1505	Y70.0	20K
	VOID					
	VOID					
	VOID					
票价 FARE CNY 1150.00		民航发展基金 CNY 50.00	燃油附加费 FUEL SURCHARGE CNY 0.00		其他税费 OTHER TAXES CNY	合计 TOTAL CNY 1200.00
电子客票号码 E-TICKET NO. 7312324417621			验证码 CK 提示信息 INFORMATION		保险费 INSURANCE XXX	填开日期 DATE OF ISSUE 2022-03-24
销售单位代号 AGENT CODE XMN021 08673102			填开单位 ISSUED BY 江州华信航空服务公司			

自 FROM 武汉 WUH
至 TO 江州 JIZ
至 TO VOID
至 TO

代理网址: WWW.TRAVELSKY.COM 服务热线:400-815-8888 短信查询:发送JP至106690018

付款凭证 RECEIPT
手写无效 INVALID IN HANDWRITING

请旅客乘机前认真阅读《旅客须知》及承运人的运输总条件内容

票据簿

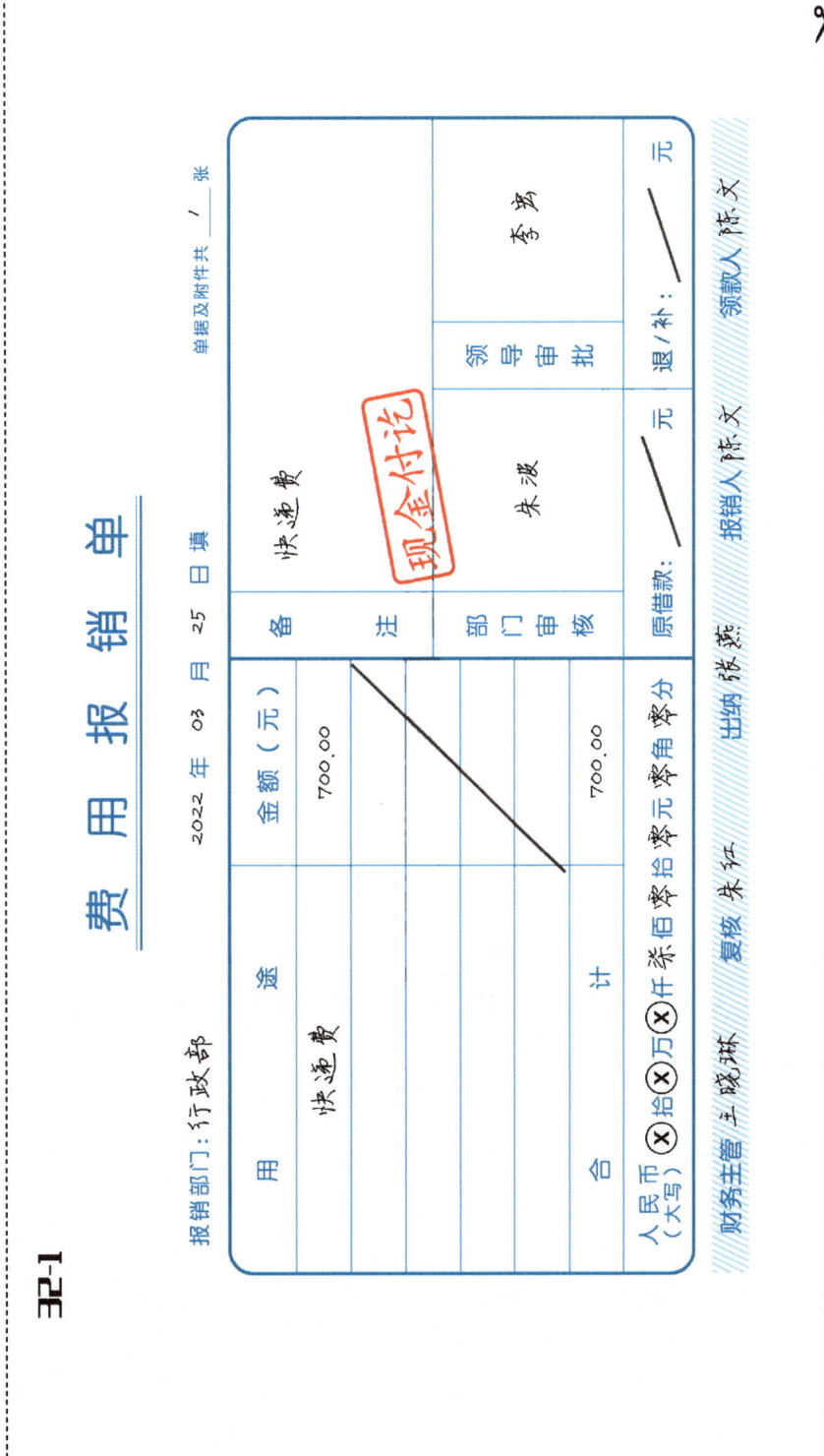

图2-1

票据簿

江东增值税电子普通发票

发票代码：03100170 0311
发票号码：78686634
开票日期：2022年03月25日
校验码：12154 10029 53148 50886

机器编号：499098997608

购买方	名称：江东东方泵业有限公司 纳税人识别号：91320356850881089N 地址、电话：江州市惠山经济开发区中惠大道366号 086-83620019 开户行及账号：工商银行江州惠山支行 11030130 0890002188

密码区	01+>6<034907037<2+>3+7938520 5713*9+<4 8*6-/>26<+80<2-376/2+83927-7<503934 <2/4<-/-+98+9<-5474>3-708607*6>0312<3 +*>39+26086>4+0/75+4>2*60+4/96-+69/>0

货物或应税劳务、服务名称	规格型号	单位	数量	单价	金额	税率	税额
*物流辅助服务*快递费			1	660.38	660.38	6%	39.62
合计					¥660.38		¥39.62

价税合计（大写） ⊗ 柒佰元整   （小写）¥700.00

销售方	名称：江州市顺丰速运有限公司 纳税人识别号：91320200729006618L 地址、电话：江州市新区长江南路35号 086-85201070 开户行及账号：工行江州高新技术开发区支行 110302081 92004926

收款人：苏鑫　　　复核：崔宏波　　　开票人：李靖　　　销售方：（章）

票据簿

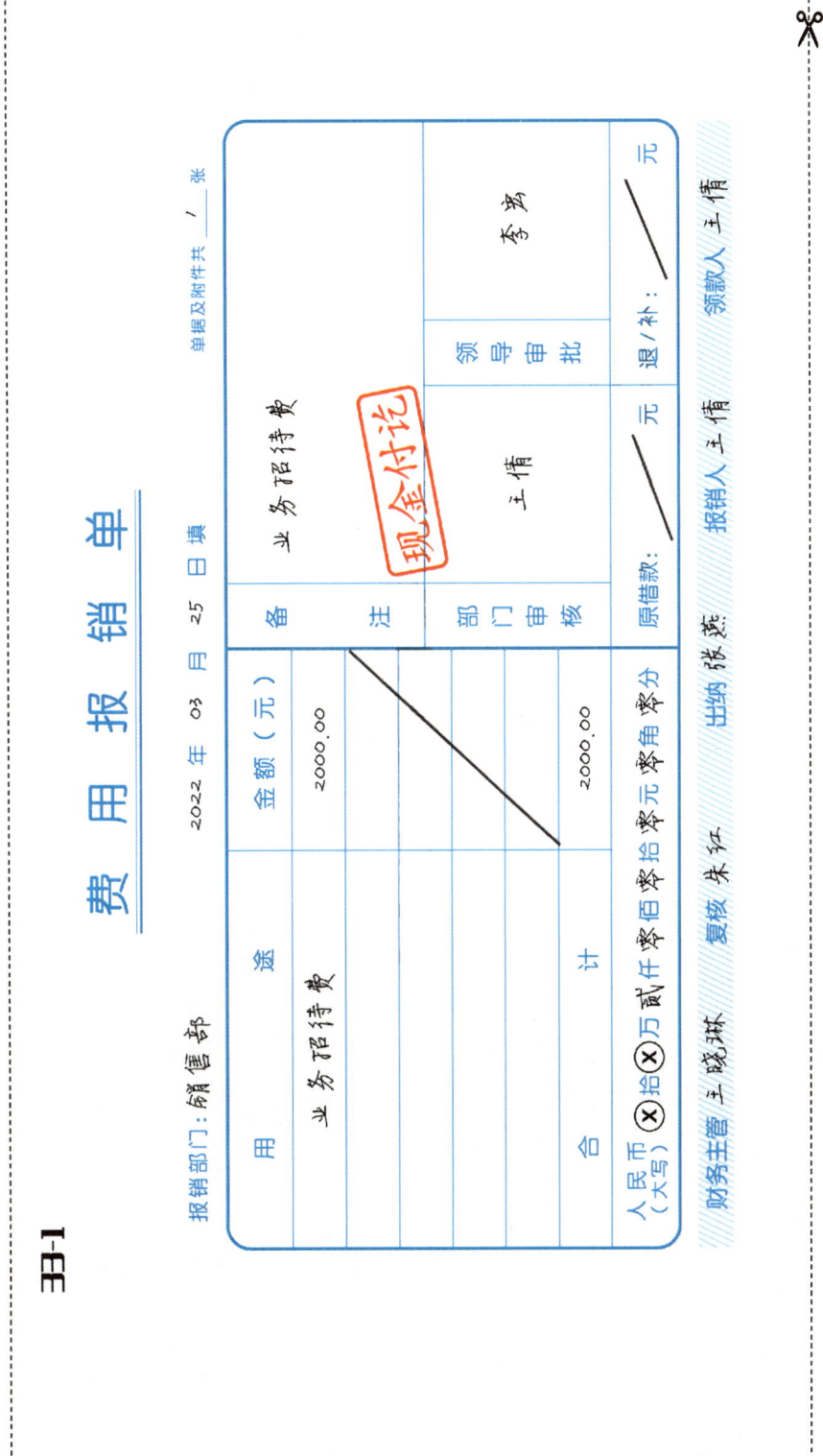

归-1

票据簿

33-2

江东增值税普通发票

发票号码：32001909201
No 41974029

开票日期：2022年03月25日

购买方	名　称：江东东方泵业有限公司 纳税人识别号：91320356850881089N 地　址、电　话：江州市惠山经济开发区中惠大道366号 086-83620019 开户行及账号：工商银行江州惠川支行 11030130089002188

货物或应税劳务、服务名称	规格型号	单位	数量	单价	金额	税率	税额
*餐饮服务*餐饮费			1	1941.75	1941.75	3%	58.25
合　计					￥1941.75		￥58.25

密码区：
-*/51*82/75>+>*-2<-+0/392*72
1/9*85*524>40*2951->87+*8<38
42<8+4/9<*2/0103-/+>73708>276
49->8-71/>+5+4190S-247-+3<3-

价税合计（大写）　⊗ 贰仟圆整　（小写）￥2000.00

销售方	名　称：江州新大风酒店 纳税人识别号：91320200133527832X 地　址、电　话：江州市中山路88号 086-82768571 开户行及账号：交通银行江州东林支行 45855819878

备注：

收款人：郭倩　　复核：白叶婷　　开票人：田红英

税总函〔2022〕333号 ＊＊造币有限公司

票据簿

付 款 申 请 单

申请部门：财务部　　　　2022 年 03 月 26 日 填

收款单位	中国少年儿童基金会	付款原因	捐赠
银行账号	366371027220849		
开户行	中国农业银行北京东直门支行		
付款方式	银行转账		
付款截止日			
人民币（大写）	⊗佰⊗拾贰万零仟零佰零拾零元零角零分	￥ 20,000.00

领导审批：李宏　　财务主管：王晓琳　　部门主管：王晓琳　　经办人：张燕

34-1

票据簿

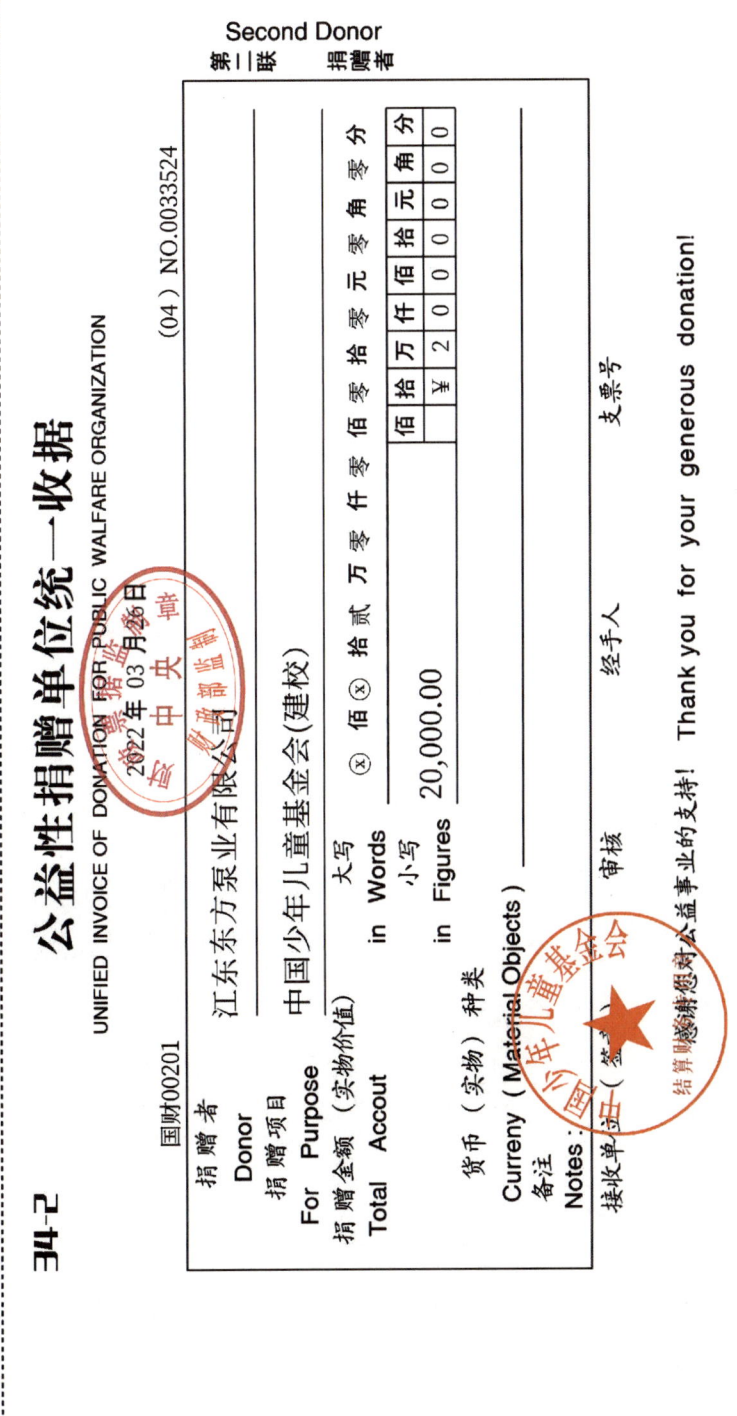

票据簿

34-3

ICBC 中国工商银行

业务回单（付款）

日期：2022 年 03 月 26 日
回单编号：5126893256

付款人户名：江东东方泵业有限公司
付款人账号（卡号）：1103013008900021 88
收款人户名：中国少年儿童基金会
收款人账号（卡号）：3663710272208 49
付款人开户行：工商银行江州惠山支行
收款人开户行：中国农业银行北京东直门支行

金额：贰万元整
小写：20000.00

摘要：捐赠
凭证种类：0000000000
凭证号码：0000000000000000

业务（产品）种类：结算业务凭证
用途：转账
币种：人民币

交易机构：0410000292
记账柜员：03741
交易代码：02108
渠道：柜面

产品名称：
费用种类：
收费渠道：

应付金额：20000.00
实付金额：20000.00
打印日期：2022-03-26
打印柜员：9
验证码：0A87640EF006

本回单为第一次打印，注意重复

票据簿

表5-1

收 料 单

No. 1405014005

供应单位：江州市新华纸业有限公司　　　2022 年 03 月 31 日填
发票号码：　　　收料仓库：

材料名称	规格	计量单位	数量		买价		实际成本			
			应收	实收	单价	金额	摊运杂费	其他	合计	单位成本
包装箱		个	400	400	5.00	2,000.00			2,000.00	
合计			400	400		2,000.00			2,000.00	

主管 徐亚波　　会计　　　　 　验收　　　　　　制单 李元明

① 存根（白）② 记账（红）③ 回执（黄）

票据簿

36-1

领 料 单

№.0014230

2022 年 03 月 31 日填

领料部门：NB-10微型水泵　　　　　　　　　　生产供单号：

编号	品名及规格	单位	数量 请领	数量 实领	单价	金额	备注
	转子	个	120	120			
	漆包线	千克	160	160			
	外壳	个	120	120			
	合　　计						

①存根（白）②记账（红）③回执（黄）

主管 李玉松　会计 朱红　发料 李元明　收料 马阳　制单 李元明

票据簿

36-2

领 料 单

No.0014231

2022 年 03 月 31 日 填

领料部门：NB-15微型水泵　　　　　　　　生产供单号：

编号	品名及规格	单位	数量 请领	数量 实领	单价	金额	备注
	辊子	个	140	140			
	漆包线	千支	180	180			
	针壳	个	140	140			
	合　　计						

主管 李玉松　会计 朱红　发料 李元明　收料 徐伟　制单 李元明

① 存根（白） ② 记账（红） ③ 回执（黄）

票据簿

37-1

领 料 单

No.0014232

领料部门：主产车间　　2022 年 03 月 31 日填　　生产供单号：

编号	品名及规格	单位	数量 请领	数量 实领	单价	金额	备注
	润滑油	桶	5	5			
	手套	双	80	80			
	口罩	个	80	80			
	合　计						

主管 李玉梅　会计 李红　发料 李元明　收料 李家云　制单 李元明

①存根（白）②记账（红）③回执（黄）

票据簿

3B-1

出　库　单

№ 0808975

单位（部门）：

2022年 03月 31日填

货号	品名及规格	单位	数量	单价	金额	备注
	轮子	个	10			①存根（白）②记账（红）③回执（黄）
合计						

主管 徐亚波　　会计 朱红　　发货 李元明　　制单 李元明

票据簿

存货实存账存对比表

习-1

2022年3月31日

存货类别	名称	计量单位	实存		账存		盘盈		盘亏		备注
			数量	金额	数量	金额	数量	金额	数量	金额	
原材料	转子	个	35	42,467.55	30	36,400.90	5	6,066.65			
原材料	漆包线	千克	10	6,233.80	10	6,233.80					
原材料	外壳	只	120	102,632.40	120	102,632.40					收发计量错误
低值易耗品	润滑油	瓶	5	1,100.00	5	1,100.00					
低值易耗品	手套	双	20	100.00	20	100.00					
低值易耗品	口罩	个	20	400.00	20	400.00					
包装物	包装箱	个	600	3,000.00	600	3,000.00					
合计							5	6,066.65			
处理意见	清查小组								审批部门		

会计主管：王晓林　　稽核：朱红　　制单人：李元明

票据簿

40-1

存货实存账存对比表

2022年3月31日

存货类别	名称	计量单位	实存 数量	实存 金额	账存 数量	账存 金额	盘盈 数量	盘盈 金额	盘亏 数量	盘亏 金额	备注
原材料	转子	个	35	42,467.55	30	36,400.90	5	6,066.65			收发计量错误
原材料	漆包线	千克	10	6,233.80	10	6,233.80					
原材料	外壳	只	120	102,632.40	120	102,632.40					
低值易耗品	润清油	瓶	5	1,100.00	5	1,100.00					
低值易耗品	手套	双	20	100.00	20	100.00					
低值易耗品	口罩	个	20	400.00	20	400.00					
包装物	包装箱	个	600	3,000.00	600	3,000.00					
合计							5	6,066.65			
处理意见	清查小组						审批部门				
							盘盈的原材料经查明由收发计量错误所致，冲减管理费用。				

会计主管：王晓林　　　　稽核：朱红　　　　制单人：李元明

票据簿

41-1 工资计提表

所属时间：2022年03月

单位：元

部门	职位	姓名	基本工资	满勤奖	加班	应发工资	应扣个人缴纳保险 养老保险 8%	医疗保险 2%	失业保险 0.5%	住房公积金 8%	合计	税前合计	专项附加扣除	个人所得税	实发金额
总经办	总经理	李宏	20,000.00	200.00		20,200.00	1,616.00	404.00	101.00	1,616.00	3,737.00	16,463.00	1,000.00	723.53	15,739.47
财务部	会计主管	王晓琳	8,500.00	200.00		8,700.00	696.00	174.00	43.50	696.00	1,609.50	7,090.50	2,500.00	0.00	7,090.50
财务部	会计	朱红	6,000.00	200.00		6,200.00	496.00	124.00	31.00	496.00	1,147.00	5,053.00	0.00	1.59	5,051.41
财务部	出纳	张蕊	4,000.00	200.00		4,200.00	336.00	84.00	21.00	336.00	777.00	3,423.00	0.00	0.00	3,423.00
行政部	行政主管	东波	8,000.00	200.00		8,200.00	656.00	164.00	41.00	656.00	1,517.00	6,683.00	400.00	35.49	6,647.51
行政部	内勤	陈文	4,500.00	200.00		4,700.00	376.00	94.00	23.50	376.00	869.50	3,830.50	500.00	0.00	3,830.50
行政部	内勤	王昌盟	4,000.00	200.00		4,200.00	336.00	84.00	21.00	336.00	777.00	3,423.00	2,000.00	0.00	3,423.00
仓库部	仓库主管	徐旦波	7,500.00	200.00	300.00	8,000.00	640.00	160.00	40.00	640.00	1,480.00	6,520.00	1,000.00	15.60	6,504.40
仓库部	仓管员	李元明	4,000.00	200.00	300.00	4,500.00	360.00	90.00	22.50	360.00	832.50	3,667.50	0.00	0.00	3,667.50
采购部	采购主管	王峰	12,000.00	200.00		12,200.00	976.00	244.00	61.00	976.00	2,257.00	9,943.00	1,000.00	118.29	9,824.71
采购部	采购员	杨涛	6,500.00	200.00		6,700.00	536.00	134.00	33.50	536.00	1,239.50	5,460.50	0.00	13.81	5,446.69
		小计	85,000.00	2,200.00	600.00	87,800.00	7,024.00	1,756.00	439.00	7,024.00	16,243.00	71,557.00	8,400.00	908.31	70,648.69
销售部	销售主管	王倩	15,000.00	200.00		15,200.00	1,216.00	304.00	76.00	1,216.00	2,812.00	12,388.00	1,100.00	179.64	12,208.36
销售部	销售员	李林	8,000.00	200.00	500.00	8,200.00	656.00	164.00	41.00	656.00	1,517.00	6,683.00	2,000.00	0.00	6,683.00
销售部	销售员	王凯	6,000.00	200.00		6,200.00	496.00	124.00	31.00	496.00	1,147.00	5,053.00	0.00	1.59	5,051.41
		小计	29,000.00	600.00	500.00	29,600.00	2,368.00	592.00	148.00	2,368.00	5,476.00	24,124.00	3,400.00	181.23	23,942.77
生产车间	车间管理人员	李玉松	16,000.00	200.00	500.00	16,700.00	1,336.00	334.00	83.50	1,336.00	3,089.50	13,610.50	0.00	258.32	13,352.18
生产车间	车间管理人员	马阳	16,000.00	200.00		16,700.00	1,336.00	334.00	83.50	1,336.00	3,089.50	13,610.50	0.00	258.32	13,352.18
生产车间	生产NB-10水泵工人	张林	5,300.00	200.00	600.00	6,300.00	504.00	126.00	31.50	504.00	1,165.50	5,134.50	0.00	4.03	5,130.47
生产车间	生产NB-10水泵工人	蒙兰	5,000.00	200.00	700.00	6,400.00	480.00	120.00	30.00	480.00	1,110.00	4,890.00	0.00	0.00	4,890.00
生产车间	生产NB-10水泵工人	徐俊	5,500.00	200.00	600.00	5,800.00	464.00	116.00	29.00	464.00	1,073.00	4,727.00	0.00	0.00	4,727.00
		小计	21,300.00	800.00	1,700.00	23,800.00	1,904.00	476.00	119.00	1,904.00	4,403.00	19,397.00	0.00	4.03	19,392.97
生产车间	生产NB-15水泵工人	张卫平	5,300.00	200.00	100.00	5,600.00	448.00	112.00	28.00	448.00	1,036.00	4,564.00	0.00	0.00	4,564.00
生产车间	生产NB-15水泵工人	蔡云峰	5,200.00	200.00		5,400.00	432.00	108.00	27.00	432.00	999.00	4,401.00	0.00	0.00	4,401.00
生产车间	生产NB-15水泵工人	尚一芝	5,500.00	200.00	700.00	6,400.00	512.00	128.00	32.00	512.00	1,184.00	5,216.00	0.00	6.48	5,209.52
生产车间	生产NB-15水泵工人	陆飞	4,800.00	200.00	500.00	5,500.00	440.00	110.00	27.50	440.00	1,017.50	4,482.50	0.00	0.00	4,482.50
		小计	26,000.00	1,000.00	1,900.00	28,900.00	2,312.00	578.00	144.50	2,312.00	5,346.50	23,553.50	0.00	6.48	23,547.02
	生产车间合计		63,300.00	2,000.00	4,100.00	69,400.00	5,552.00	1,388.00	347.00	5,552.00	12,839.00	56,561.00	0.00	268.83	56,292.17
	合计		177,300.00	4,800.00	4,700.00	186,800.00	14,944.00	3,736.00	934.00	14,944.00	34,558.00	152,242.00	11,800.00	1,358.37	150,883.63

票据簿

42-1 社会保险费计算表

所属期间：2022年03月
单位：元

部门	职位	姓名	工资合计	企业 养老保险 16%	基本医疗保险 7%	补充医疗保险 0.55%	失业保险 0.5%	工伤保险 0.35%	生育保险 0.8%	小计	个人 养老保险 8%	医疗保险 2%	失业保险 0.5%	小计	合计 养老保险	医疗保险	失业保险	工伤保险	生育保险	合计
总经办	总经理	李宏	20,200.00	3,232.00	1,414.00	111.10	101.00	70.70	161.60	5,090.40	1,616.00	404.00	101.00	2,121.00	4,848.00	1,929.10	202.00	70.70	161.60	7,211.40
财务部	会计主管	王晓琳	8,700.00	1,392.00	609.00	47.85	43.50	30.45	69.60	2,192.40	696.00	174.00	43.50	913.50	2,088.00	830.85	87.00	30.45	69.60	3,105.90
	会计	朱红	6,200.00	992.00	434.00	34.10	31.00	21.70	49.60	1,562.10	496.00	124.00	31.00	651.00	1,488.00	592.10	62.00	21.70	49.60	2,213.10
	出纳	张静	4,200.00	672.00	294.00	23.10	21.00	14.70	33.60	1,058.40	336.00	84.00	21.00	441.00	1,008.00	401.10	42.00	14.70	33.60	1,499.40
行政人事部	行政主管	朱露	8,200.00	1,312.00	574.00	45.10	41.00	28.70	65.60	2,066.40	656.00	164.00	41.00	861.00	1,968.00	783.10	82.00	28.70	65.60	2,927.40
	行政	陈文	4,700.00	752.00	329.00	25.85	23.50	16.45	37.60	1,184.40	376.00	94.00	23.50	493.50	1,128.00	448.85	47.00	16.45	37.60	1,677.90
	内勤	王昌强	4,200.00	672.00	294.00	23.10	21.00	14.70	33.60	1,058.40	336.00	84.00	21.00	441.00	1,008.00	401.10	42.00	14.70	33.60	1,499.40
仓库部	仓库主管	徐旦波	8,000.00	1,280.00	560.00	44.00	40.00	28.00	64.00	2,016.00	640.00	160.00	40.00	840.00	1,920.00	764.00	80.00	28.00	64.00	2,856.00
	仓管员	李元明	4,500.00	720.00	315.00	24.75	22.50	15.75	36.00	1,134.00	360.00	90.00	22.50	472.50	1,080.00	429.75	45.00	15.75	36.00	1,606.50
采购部	采购主管	王峰	12,200.00	1,952.00	854.00	67.10	61.00	42.70	97.60	3,074.40	976.00	244.00	61.00	1,281.00	2,928.00	1,165.10	122.00	42.70	97.60	4,355.40
	采购员	杨玲	6,700.00	1,072.00	469.00	36.85	33.50	23.45	53.60	1,688.40	536.00	134.00	33.50	703.50	1,608.00	639.85	67.00	23.45	53.60	2,391.90
小计			87,800.00	14,048.00	6,146.00	482.90	439.00	307.30	702.40	22,125.60	7,024.00	1,756.00	439.00	9,219.00	21,072.00	8,384.70	878.00	307.30	702.40	31,344.60
销售部	销售主管	王涛	15,200.00	2,432.00	1,064.00	83.60	76.00	53.20	121.60	3,830.40	1,216.00	304.00	76.00	1,596.00	3,648.00	1,451.60	152.00	53.20	121.60	5,426.40
	销售员	雷林	16,700.00	2,672.00	1,169.00	91.85	83.50	58.45	133.60	4,208.40	1,336.00	334.00	83.50	1,753.50	4,008.00	1,594.85	167.00	58.45	133.60	5,961.90
	销售员	于乐	6,300.00	1,008.00	441.00	34.65	31.50	22.05	50.40	1,587.60	504.00	126.00	31.50	661.50	1,512.00	601.65	63.00	22.05	50.40	2,249.10
		马海	6,000.00	960.00	420.00	33.00	30.00	21.00	48.00	1,512.00	480.00	120.00	30.00	630.00	1,440.00	573.00	60.00	21.00	48.00	2,142.00
		张林	5,800.00	928.00	406.00	31.90	29.00	20.30	46.40	1,461.60	464.00	116.00	29.00	609.00	1,392.00	553.90	58.00	20.30	46.40	2,070.60
		雷兰	6,200.00	992.00	434.00	34.10	31.00	21.70	49.60	1,562.40	496.00	124.00	31.00	651.00	1,488.00	592.10	62.00	21.70	49.60	2,213.10
		徐俊	5,700.00	912.00	399.00	31.35	28.50	19.95	45.60	1,436.40	456.00	114.00	28.50	598.50	1,368.00	544.35	57.00	19.95	45.60	2,034.90
小计			29,600.00	4,736.00	2,072.00	162.80	148.00	103.60	236.80	7,459.20	2,368.00	592.00	148.00	3,108.00	7,104.00	2,826.80	296.00	103.60	236.80	10,567.20
	车间管理人员	李东松	16,700.00	2,672.00	1,169.00	91.85	83.50	58.45	133.60	4,208.40	1,336.00	334.00	83.50	1,753.50	4,008.00	1,594.85	167.00	58.45	133.60	5,961.90
小计			16,700.00	2,672.00	1,169.00	91.85	83.50	58.45	133.60	4,208.40	1,336.00	334.00	83.50	1,753.50	4,008.00	1,594.85	167.00	58.45	133.60	5,961.90
生产车间	生产NB-10水泵工人	徐伟	5,600.00	896.00	392.00	30.80	28.00	19.60	44.80	1,411.20	448.00	112.00	28.00	588.00	1,344.00	531.80	56.00	19.60	44.80	1,996.20
		张卫平	5,400.00	864.00	378.00	29.70	27.00	18.90	43.20	1,360.80	432.00	108.00	27.00	567.00	1,296.00	515.70	54.00	18.90	43.20	1,927.80
		苏云停	6,400.00	1,024.00	448.00	35.20	32.00	22.40	51.20	1,612.80	512.00	128.00	32.00	672.00	1,536.00	611.20	64.00	22.40	51.20	2,284.80
	生产NB-15水泵工人	肖一姜	6,000.00	960.00	420.00	33.00	30.00	21.00	48.00	1,512.00	480.00	120.00	30.00	630.00	1,440.00	573.00	60.00	21.00	48.00	2,142.00
		陆飞	5,500.00	880.00	385.00	30.25	27.50	19.25	44.00	1,386.00	440.00	110.00	27.50	577.50	1,320.00	525.25	55.00	19.25	44.00	1,963.50
小计			28,900.00	4,624.00	2,023.00	158.95	144.50	101.15	231.20	7,282.80	2,312.00	578.00	144.50	3,034.50	6,936.00	2,759.95	289.00	101.15	231.20	10,317.30
生产车间合计			69,400.00	11,104.00	4,858.00	381.70	347.00	242.90	555.20	17,488.80	5,552.00	1,388.00	347.00	7,287.00	16,656.00	6,627.70	694.00	242.90	555.20	24,775.80
合计			186,800.00	29,888.00	13,076.00	1,027.40	934.00	653.80	1,494.40	47,073.60	14,944.00	3,736.00	934.00	19,614.00	44,832.00	17,839.40	1,868.00	653.80	1,494.40	66,687.60

票据簿

43-1 公积金明细表

所属期间：2022年03月
单位：元

部门	职位	姓名	基本工资	单位缴纳住房公积金	个人缴纳住房公积金	合计
总经办	总经理	李宏	20,200.00	1,616.00	1,616.00	3,232.00
财务部	会计主管	王晓琳	8,700.00	696.00	696.00	1,392.00
	会计	朱红	6,200.00	496.00	496.00	992.00
	出纳	张燕	4,200.00	336.00	336.00	672.00
行政部	行政主管	朱波	8,200.00	656.00	656.00	1,312.00
	内勤	陈文	4,700.00	376.00	376.00	752.00
	内勤	王昌强	4,200.00	336.00	336.00	672.00
仓库部	仓库主管	徐旦波	8,000.00	640.00	640.00	1,280.00
	仓管员	李元明	4,500.00	360.00	360.00	720.00
采购部	采购主管	王峰	12,200.00	976.00	976.00	1,952.00
	采购员	杨涛	6,700.00	536.00	536.00	1,072.00
	小计		87,800.00	7,024.00	7,024.00	14,048.00
销售部	销售主管	王倩	15,200.00	1,216.00	1,216.00	2,432.00
	销售员	李林	8,200.00	656.00	656.00	1,312.00
	销售员	王凯	6,200.00	496.00	496.00	992.00
	小计		29,600.00	2,368.00	2,368.00	4,736.00
生产车间	车间管理人员	李玉松	16,700.00	1,336.00	1,336.00	2,672.00
		小计	16,700.00	1,336.00	1,336.00	2,672.00
	生产NB-10水泵工人	马阳	6,300.00	504.00	504.00	1,008.00
		张林	6,000.00	480.00	480.00	960.00
		蒙兰	5,800.00	464.00	464.00	928.00
		徐俊	5,700.00	456.00	456.00	912.00
		小计	23,800.00	1,904.00	1,904.00	3,808.00
	生产NB-15水泵工人	徐伟	5,600.00	448.00	448.00	896.00
		张卫平	5,400.00	432.00	432.00	864.00
		蔡云烨	6,400.00	512.00	512.00	1,024.00
		高一雯	6,000.00	480.00	480.00	960.00
		陆飞	5,500.00	440.00	440.00	880.00
		小计	28,900.00	2,312.00	2,312.00	4,624.00
	生产车间合计		69,400.00	5,552.00	5,552.00	11,104.00
	合计		186,800.00	14,944.00	14,944.00	29,888.00

票据簿

44-1 固定资产折旧明细表

所属期限：2022年3月

序号	资产名称	类别	规格型号	入账日期	原值	使用年限	残值率	净残值	月折旧额	使用部门
1	锻造机床	机器机械生产设备	A001	2021.10	600,000.00	10年	5%	30,000.00	4,750.00	生产车间
2	锻造机床	机器机械生产设备	A002	2021.10	600,000.00	10年	5%	30,000.00	4,750.00	生产车间
3	锻造机床工具套装	器具、工具、家具	B001	2021.10	300,000.00	5年	5%	15,000.00	4,750.00	生产车间
4	锻造机床工具套装	器具、工具、家具	B002	2021.10	300,000.00	5年	5%	15,000.00	4,750.00	生产车间
5	锻造机床工具套装	器具、工具、家具	B003	2021.10	300,000.00	5年	5%	15,000.00	4,750.00	生产车间
6	锻造机床工具套装	器具、工具、家具	B004	2021.10	300,000.00	5年	5%	15,000.00	4,750.00	生产车间
7	锻造机床工具套装	器具、工具、家具	B005	2021.10	300,000.00	5年	5%	15,000.00	4,750.00	生产车间
8	冲压机床工具套装	器具、工具、家具	B006	2021.10	300,000.00	5年	5%	15,000.00	4,750.00	生产车间
9	数控加工机床工具套装	器具、工具、家具	B007	2021.10	330,000.00	5年	5%	16,500.00	5,225.00	生产车间
10	数控加工机床工具套装	器具、工具、家具	B008	2021.10	330,000.00	5年	5%	16,500.00	5,225.00	生产车间
11	数控加工机床工具套装	器具、工具、家具	B009	2021.10	330,000.00	5年	5%	16,500.00	5,225.00	生产车间
12	数控加工机床工具套装	器具、工具、家具	B010	2021.10	330,000.00	5年	5%	16,500.00	5,225.00	生产车间
13	数控加工机床工具套装	器具、工具、家具	B011	2021.10	330,000.00	5年	5%	16,500.00	5,225.00	生产车间
14	金属切削机床工具套装	器具、工具、家具	B012	2021.10	350,000.00	5年	5%	17,500.00	5,541.67	生产车间
15	全自动装配生产线	器具、工具、家具	B013	2021.10	300,000.00	5年	5%	15,000.00	4,750.00	生产车间
16	全自动装配生产线	器具、工具、家具	B014	2021.10	300,000.00	5年	5%	15,000.00	4,750.00	生产车间
17	全自动装配生产线	器具、工具、家具	B015	2021.10	300,000.00	5年	5%	15,000.00	4,750.00	生产车间
18	配电设备	器具、工具、家具	B016	2021.10	200,000.00	5年	5%	10,000.00	3,166.67	生产车间
19	智能监控配电系统	器具、工具、家具	B017	2021.10	100,000.00	5年	5%	5,000.00	1,583.33	生产车间
20	会议室电子设备	电子设备	C001	2021.10	78,000.00	3年	5%	3,900.00	2,058.33	行政部
21	凭证自动装订机	电子设备	C002	2021.10	5,000.00	3年	5%	250.00	131.94	财务部
22	激光打印机组合套装	电子设备	C003	2021.10	40,000.00	3年	5%	2,000.00	1,055.55	行政部
23	电子展览设备仪器	电子设备	C004	2021.10	70,000.00	3年	5%	3,500.00	1,847.22	销售部
24	电脑	电子设备	C005	2021.10	7,000.00	3年	5%	350.00	184.72	行政部
	合计				6,400,000.00				93,944.43	

票据簿

45-1 制造费用明细账

部门名称：

2022年		凭证号数		摘要	借方							
月	日	字	号									

票 据 簿

45-2

产量情况记录表

2022年3月31日

项目	NB-10微型水泵	NB-15微型水泵
月初在产品	0	0
本月投产	120	140
本月完工	80	100
月末在产品	40	40
完工率	50%	50%
约当在产品产量	20	20
产量合计	100	120

票据簿

45-3

制造费用按工时分配表
2022年3月31日

产品	投产量（台）	定额工时	工时合计（小时）	应分配金额	分配率（保留两位小数）	分配制造费用金额
NB-10微型水泵	120	8	960			
NB-15微型水泵	140	8	1120			
合计	260		2080			

票据簿

46-1

生产成本明细账

产品名称：NB-10　微型水泵

2022年		凭证号数		摘要	借方	成本项目		
月	日	字	号			直接材料	直接人工	制造费用

票 据 簿

4b-2

生产成本明细账

产品名称：NB-15 微型水泵

2022年		凭证号数		摘要	借方	成本项目		
月	日	字	号			直接材料	直接人工	制造费用

票据簿

45-3 产品成本计算表

年 月 日

产品名称：NB-10 微型水泵

单位：元

摘要	直接材料	直接人工	制造费用	合计
月初在产品费用				
本月生产费用				
本月生产费用合计				
月末在产品约当产量				
完工产品数量				
约当产品合计				
费用分配率（保留四位小数）				
完工产品成本				
月末在产品成本				

票据簿

46-4

产品成本计算表

年 月 日

产品名称：NB-15 微型水泵

单位：元

摘要	直接材料	直接人工	制造费用	合计
月初在产品费用				
本月生产费用				
本月生产费用合计				
月末在产品约当产量				
完工产品数量				
约当产品合计				
费用分配率（保留四位小数）				
完工产品成本				
月末在产品成本				

票据簿

47-1 销售成本计算表

年　月　日

产品名称	期初库存		本期购入		加权平均单位成本（保留两位小数）	本期销售		期末库存	
	数量	金额	数量	金额		数量	金额	数量	金额

票据簿

4B-1 应交增值税计提表

年　月　日

单位：元

序号	项目	借方金额	贷方金额
1	应交增值税期初余额		
2	本期销项税额发生额		
3	本期进项税额发生额		
4	本期减免税额发生额		
5	本期进项税额转出发生额		
6	本期应转出未交增值税发生额		

审核人：　　　　　　　　　　　　　　制表人：

票据簿

49-1 附加税费计提表

年　月　日

应交税费明细项目	计算依据	金额	税率	应纳税费	备注
城市维护建设税	应交增值税				
教育费附加	应交增值税				
地方教育附加	应交增值税				
合计					

票据簿

50-1

利润计算表

项目	本月金额	本年累计金额
一、营业收入		
减：营业成本		
税金及附加		
销售费用		
管理费用		
财务费用		
二、营业利润（亏损以"－"号填列）		
加：营业外收入		
减：营业外支出		
三、利润总额（亏损总额以"－"号填列）		
减：所得税费用		
四、净利润（净亏损以"－"号填列）		

票据簿

当期损益计算表

51-1

收入类科目	本月发生额	费用类科目	本月发生额
主营业务收入		主营业务成本	
其他业务收入		其他业务成本	
营业外收入		税金及附加	
投资收益		管理费用	
		销售费用	
		财务费用	
		资产减值损失	
		营业外支出	
合计		合计	

当期损益（利润为正，亏损为负）

票据簿

52-1

ICBC 中国工商银行　　　　　　　　　对 账 单　　　　　　　对账所属期：2022年03月

户名：江东东方泵业有限公司
账号：1103013008900021 88　　　　　币别：人民币　　　　　　　　第 1 页

交易日期	交易摘要	凭证号	借方（支出）	贷方（收入）	借/贷标志	余额	柜员号
	上月余额				贷	1,089,125.10	
2022-03-05	立式铣床	1534915956	189,840.00		贷	899,285.10	03741
2022-03-05	铣床安装费	2597835691	5,000.00		贷	894,285.10	03741
2022-03-10	收到货款	8109258730		15,820.00	贷	910,105.10	03741
2022-03-11	收到货款	5942567142		633,500.00	贷	1,543,605.10	03741
2022-03-11	收到货款	5972159735		24,860.00	贷	1,568,465.10	03741
2022-03-11	投资款	2458657892		200,000.00	贷	1,768,465.10	03741
2022-03-12	利息收入	1259735816		128.79	贷	1,768,593.89	03741
2022-03-12	手续费	1937156428	65.00		贷	1,768,528.89	03741
2022-03-12	银行账户管理费	2458657893	30.00		贷	1,768,498.89	03741
2022-03-12	手续费	5987265126	50.00		贷	1,768,448.89	03741
2022-03-12	支付货款	3548970125	220,360.00		贷	1,548,088.89	03741
2022-03-12	支付货款	7109356878	73,000.00		贷	1,475,088.89	03741
2022-03-12	支付货款	1854671952	275,720.00		贷	1,199,368.89	03741
2022-03-12	支付货款	8109318765	4,841.00		贷	1,194,527.89	03741
2022-03-13	增值税	2022031389125678	8,725.31		贷	1,185,802.58	03741
2022-03-13	城建税教育费附加	2022031307932671	1,047.04		贷	1,184,755.54	03741
2022-03-13	印花税	2022031304895012	328.50		贷	1,184,427.04	03741
2022-03-15	发放2月工资	1986174658	151,293.25		贷	1,033,133.79	03741
2022-03-15	个人所得税	2022031501597359	951.22		贷	1,032,182.57	03741
2022-03-15	社保	2022031573194835	66,687.60		贷	965,494.97	03741
2022-03-15	公积金	5970156725	29,888.00		贷	935,606.97	03741
2022-03-16	支付法律顾问费	2789315476	15,000.00		贷	920,606.97	03741
2022-03-16	支付宣传费	6574126859	31,800.00		贷	888,806.97	03741
2022-03-18	支付运输费	2789324589	17,440.00		贷	871,366.97	03741
2022-03-19	支付水费	9473542596	1,765.80		贷	869,601.17	03741
2022-03-19	支付电费	6172681569	13,560.00		贷	856,041.17	03741
2022-03-22	支付房租	2479640159	28,340.00		贷	827,701.17	03741
2022-03-26	对外捐赠	5126893256	20,000.00		贷	807,701.17	03741

票据簿

52-2

发票清单

纳税人识别号：91320356850881089N　　认证月份：202203

单位：元

序号	发票代码	发票号码	开票日期	销方税号	销方名称	金额	税额	税率	认证方式	确认/认证日期	发票类型	发票状态
1	3200420745	22322439	2022/3/1	91320198853462562Z8	江州市峰华贸易有限公司	244,000.00	31,720.00	13%	勾选认证	2022/3/31	增值税专票	正常
2	3200190748	48309512	2022/3/1	91320198863566531GF	江州市金信铜业有限公司	94,200.00	12,246.00	13%	勾选认证	2022/3/31	增值税专票	正常
3	3200190855	75391691	2022/3/2	91320264NQ2Y5KLY6R	江州市汇永机电设备有限公司	172,000.00	22,360.00	13%	勾选认证	2022/3/31	增值税专票	正常
4	3200190748	68686250	2022/3/3	91320198823774253F	江州市富阳贸易有限公司	4,700.00	141.00	3%	勾选认证	2022/3/31	增值税专票	正常
5	3200190750	75302856	2022/3/5	91320198835917558F	江州创新机械设备有限公司	168,000.00	21,840.00	13%	勾选认证	2022/3/31	增值税专票	正常
6	3200190750	75302857	2022/3/5	91320198835917558F	江州创新机械设备有限公司	4,587.16	412.84	9%	勾选认证	2022/3/31	增值税专票	正常
7	3200193130	86675372	2022/3/16	9132020078273707733	江州铁局·计时事务所	14,150.94	849.06	6%	勾选认证	2022/3/31	增值税专票	正常
8	3100193130	52405259	2022/3/16	91310114772120643B	百度在线网络技术（上海）有限公司	30,000.00	1,800.00	9%	勾选认证	2022/3/31	增值税专票	正常
9	3200194180	07492336	2022/3/18	91320200054326748AA	江州飞梯运输有限公司	16,000.00	1,440.00	9%	勾选认证	2022/3/31	增值税专票	正常
10	3200420750	21127893	2022/3/19	913202001359021671	江州市清泉水务有限公司	1,620.00	145.80	9%	勾选认证	2022/3/31	增值税专票	正常
11	3200190750	15586674	2022/3/19	91320224620965283	西南江东省电力怡国公司江州供电公司	12,000.00	1,560.00	13%	勾选认证	2022/3/31	增值税专票	正常
12	3200420750	76304250	2022/3/22	913202246623737Z5A	江州市金祥物业管理有限公司	26,000.00	2,340.00	9%	勾选认证	2022/3/31	增值税专票	正常
13	4200193032	82346625	2022/3/24	91340200676745389D	武汉新世界酒店	1,048.54	31.46	3%	勾选认证	2022/3/31	增值税专票	正常
					合计	788,306.64	96,886.16					

票据簿

52-3　增值税普通发票汇总表

制表日期： 2022年04月01日
所属期间： 2022年03月~03月
税控盘 2022年03月~03月　资料统计
纳税人识别号： 91320356850881089N
企业名称： 江东东方泵业有限公司
地址电话： 江州市惠山经济开发区中惠大道366号　086-83620019

★ 发票领用存情况 ★

期初库存份数	25	正数发票份数	1	负数发票份数	0
购进发票份数	0	正数废票份数	0	负数废票份数	0
退回发票份数	0	期末库存份数	24		

★ 销 项 情 况 ★
金额单位： 元

序号	项目名称	合计	13%	9%	6%	4%	3%	其他
1	销项正废金额	0.00	0.00	0.00	0.00	0.00	0.00	0.00
2	销项正数金额	24,500.00	24,500.00	0.00	0.00	0.00	0.00	0.00
3	销项负废金额	0.00	0.00	0.00	0.00	0.00	0.00	0.00
4	销项负数金额	0.00	0.00	0.00	0.00	0.00	0.00	0.00
5	实际销售金额	24,500.00	24,500.00	0.00	0.00	0.00	0.00	0.00
6	销项正废税额	0.00	0.00	0.00	0.00	0.00	0.00	0.00
7	销项正数税额	3,185.00	3,185.00	0.00	0.00	0.00	0.00	0.00
8	销项负废税额	0.00	0.00	0.00	0.00	0.00	0.00	0.00
9	销项负数税额	0.00	0.00	0.00	0.00	0.00	0.00	0.00
10	实际销项税额	3,185.00	3,185.00	0.00	0.00	0.00	0.00	0.00

票据簿

52-4　　　　　　　　增值税专用发票汇总表

制表日期：2022年04月01日
所属期间：2022年03月
税控盘 2022年03月　　　资料统计
纳税人识别号：91320356850881089N
企业名称：江东东方泵业有限公司
地址电话：江州市惠山经济开发区中惠大道366号 086-83620019

★ 发票领用存情况 ★

期初库存份数	25	正数发票份数	3	负数发票份数	0
购进发票份数	0	正数废票份数	0	负数废票份数	0
退回发票份数	0	期末库存份数	22		

★ 销 项 情 况 ★
金额单位：元

序号	项目名称	合计	13%	9%	6%	4%	3%	其他
1	销项正废金额	0.00	0.00	0.00	0.00	0.00	0.00	0.00
2	销项正数金额	1,827,500.00	1,827,500.00	0.00	0.00	0.00	0.00	0.00
3	销项负废金额	0.00	0.00	0.00	0.00	0.00	0.00	0.00
4	销项负数金额	0.00	0.00	0.00	0.00	0.00	0.00	0.00
5	实际销售金额	1,827,500.00	1,827,500.00	0.00	0.00	0.00	0.00	0.00
6	销项正废税额	0.00	0.00	0.00	0.00	0.00	0.00	0.00
7	销项正数税额	237,575.00	237,575.00	0.00	0.00	0.00	0.00	0.00
8	销项负废税额	0.00	0.00	0.00	0.00	0.00	0.00	0.00
9	销项负数税额	0.00	0.00	0.00	0.00	0.00	0.00	0.00
10	实际销项税额	237,575.00	237,575.00	0.00	0.00	0.00	0.00	0.00